"채용에 관한 법과 이론을 한 권에 담았다!"

채용 ALL in One

채용담당자와 취업준비생을 위한 실전 가이드

이호석 지음

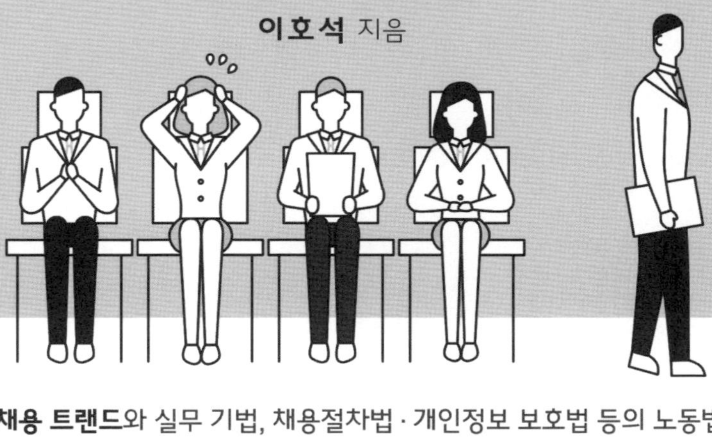

최신 채용 트랜드와 실무 기법, 채용절차법 · 개인정보 보호법 등의 노동법
직무중심 상시채용, 블라인드 채용, AI 채용에서 발생하는 이슈 및 해결방안 등
채용에 관한 모든 지식과 정보를 알기 쉽게 도식화

(주)중앙경제

채용
All in One

초판인쇄 2021년 6월 1일
초판발행 2021년 6월 8일

지 은 이 이 호 석
펴 낸 이 김 남 진
펴 낸 곳 (주) 중앙경제
내지디자인 이 지 훈
표지디자인 신 지 원

주 소 서울시 중구 다산로 11길 19(신당2동 355-8)
백석빌딩 신관 4층
전 화 02)2231-7293
팩 스 02)2235-5344
홈페이지 www.elabor.co.kr
출판등록 80.6.21 제 2-66호

ISBN 978-89-7017-471-6 (93330)
정 가 13,000원

채용 All in One

이 호 석 저

(주)중앙경제

서문

1. 채용은 중요하다.

전략적 인사관리는 인력을 경쟁적 비교우위의 요소로 본다. 조직의 경쟁력 강화를 위해서는 조직을 잘 이끌어 나가는 사람을 확보해야 하기 때문이다. 우수한 인재를 확보하고 그들이 갖고 있는 역량을 충분히 발휘하여 성과를 달성하는 것이 경영의 중요 목표가 되었다. 우수인재 채용은 전략적 인사관리의 성패를 좌우한다고 말해도 과언이 아니다.

2. 채용의 환경은 급변하고 있다.

귀뜸도 없이 불쑥 찾아온 손님, 코로나 바이러스는 세상 사람 모두의 삶을 바꾸어 놓았다. 어디를 가든 정상 체온 여부를 체크하게 되었고, 집에 머무는 시간은 늘어났으며, '사회적 거리두기'가 몇 단계로 조정되는지 뉴스에 귀를 쫑긋 기울이게 되었다.

조직만 보더라도 회의와 출장이 눈에 띄게 줄었고, SF영화에서나 봐왔던 온라인 원격회의와 재택근무가 우리의 일상이 되었다. 하마다 고이치 예일대 명예교수는 "어떤 일을 할지 명확하게 정한다면 집에서도 일할 수 있다는 사실을 세상 사람들이 알게 되었다. 매일 아침 통근 지하철을 타지 않아도 되는 세상이 올 수 있다"고 말한다. COVID-19는 '일은 모여서 한다'는 현대사회의 관행을 뒤집는 터닝포인트가 될 가능성이 크다.

최근 인력채용의 환경 역시 빠르게 변하고 있다. 첫째, 언택트 온라인 채용이 가속화되고 있다. 뉴욕타임스 칼럼니스트 토머스 프리드먼(Thomas Friedman)은 "팬데믹으로 5년이 소요될 디지털화 과정이 1년으로 단축됐다"고 평가했다.

인공지능 면접관이 '면접관 부장님'의 자리를 대체하였다. 종전 오프라인 방식의 서치펌(Search Firm)은 온라인 인재플랫폼으로 전환되고 있다. 다양한 온라인 플랫폼은 노동시장의 디지털화와 유연화를 가속화하고 있다.

둘째, 공개채용은 폐지되고 수시채용은 확대되고 있다. 코로나 바이러스 확산은 일자리 축소로 이어졌다. 경영상황 악화, 재택근무 상시화로 회사는 대규모 인력 유지에 부담을 느끼기 시작했다. 이는 정기 공채 폐지와 필요한 자리가 날 때 인력을 뽑는 수시 채용 도입으로 연결되었다. 또한 직무중심 채용 정착은 신입사원의 조기 퇴사율을 낮추고, 구직자의 불필요한 스펙 축적의 니즈를 낮추게 할 것으로 기대된다. 수시로 신입사원을 채용하는 트랜드에 따라 채용형 인턴십이 확대되고 있다.

셋째, 최근 사회 곳곳에서 터져 나온 공정성의 요구는 채용에도 영향을 미쳤다. 채용의 절차적 공정성은 2015년부터 시행된 '채용절차의 공정화에 관한 법률'상의 단계별 기준 준수로 담보되고 있다. 채용과정에서 노출되는 개인정보는 '개인정보 보호법'의 기준에 따라 철저하게 관리되어야 한다.

3. 채용 참고서가 필요하다.

필자가 인사팀에서 처음 맡은 일은 '채용업무'였다. 처음으로 인사업무를 하는 신입사원에게 선배들은 다양한 참고자료를 건네주며 공부를 독려하였다. 벽돌만큼이나 두꺼운 노동법 책과 법전, 판례와 행정해석이 담긴 소책자, 경영학 교수가 쓴 인사이론 개설서, 매월 발간되는 인사잡지, 그리고 선진기업의 채용 트랜드가 담긴 신문기사 스크랩 등이 책꽂이에 꽂히고 바인더에 정리되었다.

세월이 흘러 중년의 부장이 되어 다시 채용업무를 맡게 되었다. 그 사이 공정한 채용절차를 의무화하는 법률이 신설되었고, 개인정보 보호도 강화되었으며, 입사 확정 직전 단계의 과도기적 근로관계 근로자에 관한 판례도 늘었다. 회사는 직무중심 채용의 중요성에 눈을 떴고, 인공지능이 면접관 자리를 대신하게 되었다. 필자는 그동안 놓쳤던 채용에 관한 노동법, 제도, 이론, 그리고 트랜드를 따라잡고자 대형서점에서 채용에 관한 도서를 찾아보았다. 구직자를 위한 면접 가이드 서적은 매대에 쌓여 있었지만, 채용에 관한 법과 이론을 한번에 공부할 수 있는 자료는 여전히 찾기 힘들었다. 일목요연하게 정리된 참고서에 대한 갈증이 생졌다.

소설가 토니 모리슨은 "당신이 정말로 읽고 싶은 책이 있는데 아직 그런 책이 없다면 당신이 직접 써야 한다"고 했다. 결국 그동안 정리했던 '채용 실무 자료를 보배로 꿰어보자'라는 생각에 미치게 되었다.

4. 이 책은 하이브리드형 실무서이다.

사회학자 울리히 벡(Ulrich Beck)은 "우리가 살고 있는 세상은 단순한 변화가 아닌 탈바꿈 중이다."라고 말했다. 코로나 팬데믹 속의 경영환경은 땅바닥에 부딪친 럭비공처럼 예측하기 어렵다. 피할 수 없는 상황에서 우리는 환경을 받아들이며 적응해야 한다.

오늘도 회사의 채용담당자는 '채용 전문가'로 성장하기 위해 고심하고 있다. 전문가는 어떤 사람일까? 역사에 한 획을 그은 위인에게서 해답을 찾자. 레오나르도 다빈치, 다산 정약용의 공통점은 다양한 분야를 넘나들며 걸작을 남겼다는 점이다.

"당신이 가진 도구가 망치 뿐이라면 모든 문제를 못으로만 보려 할 것이다." 인본주의 심리학자인 매슬로우(Abraham H. Maslow)가 한 말이다. 시야가 좁은 실무자는 자신의 시각으로만 세상의 문제를 해결하려 한다. 깊게 파려면 넓게 파야 한다. 하나의 영역에서 고수가 되기 위해서는 다른 영역도 알아야 한다. 미증유의 시대, 지금까지 마주치지 못했던 이슈 해결을 위해서는 통섭의 지혜가 필요하다. 이를 염두하며 이 책을 썼다.

첫째, 인사관리와 노동법의 이분화된 구조를 탈피하여 채용업무를 익히기 위해 알아야 노동법 규정, 판례, 행정해석, 인사제도와 이론, 그리고 최신의 트랜드 및 선진회사의 우수 사례를 한 통에 담았다. 채용담당자가 알아야 정보를 담은 '올인원(All in One)' 교재로 기획하였다.

둘째, 채용담당자가 반드시 알아야 하는 핵심법률인 '채용절차의 공정화에 관한 법률'의 내용을 주제별로 정리하였다. 채용과정의 개인정보 보호의 내용도 함께 정리하였다. 모집·채용 시 고령자, 여성, 장애우 등 사회적 약자보호 법령의 내용을 담았다. 각 단락마다 관련 법조문을 함께 기술하여 별도로 법전 준비가 필요 없도록 독자의 편의성을 고려하였다.

셋째, 그동안 노동법 도서나 인사개설서에서 접할 수 없는 채용에 관한 최신 트랜드와 실무자료를 정리하였다. 고용 브랜드, 직무중심 상시채용, 블라인드 채용, AI 채용, SNS 활용채용활동, 면접의 오류와 구조화 면접, 채용성과관리 등이 그것이다.

넷째, 정식근로자가 되기 직전의 채용내정, 인턴, 시용, 수습 등 과도기적 근로관계의 법률관계를 담았다. 또한, 최근 이슈화되고 있는 레퍼런스 체크, 헤드헌팅 활용, 사이닝 보너스와 관련된 정보와 이슈를 정리하였다.

다섯째, 법조문과 이론만을 전달한다면 자칫 건조할 수 있어 흥미있는 사례와 대중문화의 관련 내용을 당의정마냥 감싸 독자들이 지루하지 않게 내용을 익힐 수 있도록 하였다. 핵심 내용을 알기 쉬운 표와 그림으로 전환하여 해상도를 높였다.

이 책이 인재를 찾기 위해 동분서주 바쁘게 일하는 채용담당자에게는 손때 묻은 실무참고서로, 입사를 꿈꾸는 취업지망생과 이직을 준비하는 직장인에게는 든든한 가이드로 활용되기를 기대한다.

새롭게 시도되는 하이브리드형 실무서 출간을 결정해주신 중앙경제 김태윤 상무님께 감사드린다. 저자의 집요한 요구를 꼼꼼한 편집으로 완성해주신 이지훈 대리님께도 감사드린다. 글 꼭지마다 아이디어를 주고, 초고 상태의 원고를 기꺼이 읽어준 동료와 선후배, 사회생활을 하며 인연을 맺은 여러분들께 이 지면을 통해 감사인사를 전한다. 일일이 성함을 말씀드리지 못한 점 양해 부탁드린다.

본가와 처가의 어르신들이 모두 편찮으신데 이 책이 작은 기쁨이 될 수 있기를 하는 마음이다. 때론 냉정하지만 늘 조언을 아끼지 않는 사랑하는 아내 형성희, 똑똑하고 야무진 딸 설린, 밝은 유쾌함을 전하는 아들 유빈에게 이 책을 바친다.

2021년 봄날

저자 **이 호 석** 드림

차 례

제6장 면접관리

제7장 과도기적 근로관계 검토사항

제8장 채용 시 고려사항

[용어사용의 기준]

- 이 책은 독자의 편의를 돕고자 용어를 아래와 같이 사용한다.
  - 구인자(채용절차법), 기업(개인정보보호 가이드라인), 사용자(근로기준법)는 '회사'로 일원화 한다.
  - 구직자(채용절차법), 지원자(개인정보보호 가이드라인), 근로자(근로기준법)는 입사지원 전에는 '구직자'로, 입사지원 후에는 '입사지원자'로 일원화 한다.

채용
All in One

제1장

채용담당자의 자세

1-1 인재를 얻고자 한다면 정성을 다해야 한다.

01. 인재확보에 정성을 다하자.

필자가 경력채용을 담당하던 시절의 기억이다. 당시 회사가 해외사업개발의 역량을 강화하던 시기에 필자는 '프로젝트 금융 전문인력'을 확보하라는 미션을 부여 받고 '경력직 공개채용'을 진행하였다. 다수의 입사지원자 대상 서류전형, 면접전형이 진행되었고, 마침내 회사가 원하는 경험과 역량을 가진 '국제금융 실무역량 보유자'를 어렵사리 찾을 수 있었다.

당시 그는 은행에 다니고 있었는데, 조직 내부의 인간관계에 지쳐있는 상태였다. 특히 인사부서의 부당한 조치는 이직을 결심하게 된 결정적인 계기라고 했다. 필자 역시 회사에서 애타게 찾던 인재를 확보했다는 안도, 채용을 마무리 할 수 있다는 기대로 부풀었다. 채용전형 과정에 모든 정성을 다했다.

하지만 연봉 협상시점부터 그는 왠지 모르게 흔들리기 시작했고, 이직 자체를 고민하고 있다는 말을 전했다. 하지만 우여곡절 끝에 그는 이직을 결정했고, 이후 탁월한 역량을 발휘하며 회사에서 핵심 인재로 성장하였다.

오랜 시간이 지나 그에게 궁금증을 털어놨다. 그 당시 우리 회사를 택한 이유가 무엇이었냐고. 그는 당시 친하게 지내던 팀 선배가 울면서 퇴사하지 말라고 말렸다는 사연을 말했다. "그 건설회사에 면접 보러 갔더니 채용담당자가 정문까지 나와서 마중 나오더라는 말을 전했더니 그 선배 말이 그런 회사는 입사해도 되겠다라고 말하더라구요. 그 한마디가 이 회사를 선택한 이유지요."

그때의 경험은 구성원에 대한 정성의 중요성을 일깨우는 계기가 되었다.

02. 삼고초려의 자세를 갖자.

삼국지의 삼고초려(三顧草廬)의 교훈을 다시 생각하자. 후한 말기 관우, 장비와 의형제를 맺은 유비는 무너지는 한나라를 다시 세우기 위해 애쓰고 있었다. 사람들은 관우, 장비처럼 우수한 장수들이 있는 데도 조조에게 매번 당하는 이유를 지혜있는 참모의 부재로 꼽았다. 유비는 스승인 사마위에게 유능한 책사를 부탁했고, 제갈량(와룡)과 방통(봉추)을 추천 받았다.

유비는 관우, 장비와 제갈량을 맞고자 양양의 그의 초가집으로 갔지만, 두 번이나 만나지 못하고 돌아오게 된다. 제갈량은 유비가 천하를 얻을 수 있는 인물이 아니라 여겼고, 유비가 올 시간에 밖으로 나가 버렸기 때문에 유비가 제갈량을 만나지 못한 것이었다.

이때 유비의 나이는 마흔일곱이었고 제갈량은 스물일곱이었다. 주위에서는 제갈량이 건방지다고 만류했지만 유비는 세 번째로 제갈량의 초가집을 찾았고 결국 제갈량을 만났다. 유비의 방문을 버선발로 맞이한 제갈량은 "제가 비천한 신분임에도 몸을 낮추어 저의 초가집을 세 번이나 찾아주시었습니다. 저는 감격하여 선제께서 계신 곳으로 달려간 것입니다." 유비는 제갈량의 마음을 사로잡았고 2천년이 지난 지금까지도 회자되는 족적을 남겼다.

유비는 인재를 자신의 사람으로 만들기 위해 정성을 다했다. 조조처럼 타고난 지략이 뛰어나지 않았던 유비가 그와 이름을 나란히 하게 된 것은 자신의 부족함을 보완하는 인재를 구하는 데 힘을 아끼지 않았기 때문이다. 유비의 정성은 인재를 얻으려면 어떻게 해야 하는지를 보여준다.

03. 채용 문화 구축에 정성을 기울이자.

채용에 대한 인식의 변화가 필요하다. 기본적인 마음가짐은 '입사지원자에 대한 배려'이다. 채용의 단계별 모든 과정에서 입사지원자와 소통한다. 최종합격자뿐만 아니라 불합격자도 회사의 잠재적인 고객임을 잊지 말아야 한다. 예컨대, 불합격자에게 진심을 담은 위로의 메일을 보내거나, 회사 매장 할인쿠폰을 제공하는 사례가 있다. 넷플릭스의 최고인재책임자인 패티 맥코드(Patty McCord)는 그의 저서 파워풀(Powerful)에서 "채용 문화를 구축하자"라고 주장한다.[1)]

「모든 구성원은 인터뷰를 기다리는 낯선 사람을 보면 이렇게 말하도록 철칙을

1) 패티 맥코드, 「파워풀(Powerful)」, 한국경제신문, 2018.8.1, 183면~185면

세웠다.

"안녕하세요. 저는 ○○○입니다. 귀하는 누구신가요? 인터뷰를 보고자 오셨나요? 어느 분을 기다리고 계신가요? 귀하의 순서가 언제인지 확인해 드릴까요?"

채용에 탈락한 이들을 포함해서 인터뷰를 마친 모든 지원자들이 넷플릭스에서 일하고 싶도록 만드는 것이 우리의 목표이다. 그들이 이렇게 생각하길 기대한다.

'믿을 수 없는 경험이었다. 효율적이면서 효과적이었고 시간도 적절했고, 맥락 있는 질문에 사람들은 똑똑했고, 면접대상자인 나는 존중을 받았다.'

인터뷰를 포함한 채용전형 과정은 회사가 어떻게 운영되는지 강한 인상을 심어준다. 인상이 좋다면 채용이 원활해지겠지만, 나쁜 인상을 줬다면 채용이 어려워 질 것이다.」

인상적인 면접 경험을 제공한다면, 채용전형을 마쳤을 때 면접에 참여한 모든 이들이 회사에 입사하고 싶도록 만들어야 한다는 것이다. 채용담당자들은 그의 원칙에 귀 기울여야 한다.

중용(中庸) 23장에는 "작은 일도 무시하지 않고 최선을 다해야 한다. 작은 일에도 최선을 다하면 정성스럽게 되고 그 정성이 겉으로 배어 나와 이내 밝혀지면 남을 감동시키고 나와 세상을 변하게 할 수 있다"라는 문구가 있다. 이 회사가 어떤 회사일지 궁금해하고 조심스럽게 노크하는 숨은 인재를 확보하기 위해서는 내로라하는 음식점이 빽빽한 맛집 거리에서 손님을 끌어당기듯 최선의 노력을 다해야 한다.

1-2 조직의 'DNA'와 일치하는 자를 찾아라.

대중음악 역사상 대한민국의 'BTS' 만큼 멋진 안무를 구사하는 그룹은 없었다. 남녀노소는 물론, 국가와 인종의 경계를 뛰어넘는 그들의 인기는 공연장마다 수만명을 모은다. 경제적 효과는 가늠할 수 없고 국위선양은 셈이 안될 정도이다. 있는 그대로의 너 자신을 사랑하라는 의미를 담은 앨범 '러브 유어셀프'의 타이틀 곡인 'DNA'는 해외 팬을 폭발적으로 확장시킨 곡이다.

멤버 일곱명이 개인, 유닛, 단체를 오가며 진행되는 세련된 안무는 보는 이 모두의 눈길을 사로잡는다. 'DNA' 뮤직비디오는 가상 현실과 우주 공간을 넘나드는 듯한 장면 전환을 통해 '우리 둘은 태초부터 운명적으로 얽혀 있으며 DNA부터 하나였다'는 가사를 감각적으로 표현했다.

'DNA'는 생명과학 분야의 용어이지만, 조직에서는 근본적인 무엇인가를 언급할 때 'DNA'라는 단어를 곧잘 사용한다. '회사 DNA와 맞는 인사체계 설계', '조직 DNA와 찰떡궁합 인재선발' 등이 그것이다. 조직과 구성원, 그리고 조직에 담긴 제도의 DNA를 일치시키기 위한 비법은 무엇일까?

01. "첫눈에 널 알아보게 됐어. 서롤 불러왔던 것처럼": AI 면접으로 조직에 맞는 DNA 인재 찾기

"첫눈에 널 알아보게 됐어. 내 혈관 속 DNA가 말해. 우주가 생긴 그 날부터 계속 무한의 세계를 넘어 계속. 이 모든 건 우연이 아니니까. DNA"

최근 인력채용의 키워드는 'AI를 활용한 채용'이다. 면접비용을 절감하고 모두에게 기회를 준다는 취지이다. 상황이 이렇다 보니 'AI 면접 공략법' 강연회에는 늘 준비생들로 북적인다. AI 면접은 다음의 방식으로 구성된다. 하나는 객관식 문항 방식이다. 마우스 클릭으로 답하는 것이다. 결과보다는 표정과 음성, 반응 패턴 등으로 학습능력을 확인한다. 또 하나는 면접이다. 화면이 던지는 질문에 카메라를 보고 답하는 방식이다. 자기소개, 장단점을 카메라를 향해 말하는 것이다.

얼굴에 60여개의 포인트를 두고 눈 깜빡임, 안면 근육 등 무의식 영역까지 분석한다.

하지만 AI 면접관은 아직까지 대화의 맥락을 이해하지 못한다. 단지, 고성과 DNA를 보유한 기존 구성원과의 유사성 여부를 확인하여 입사지원자의 미래를 추측하는 방식이다. 결국 여러 구성요소 연결로 유사성을 찾는 추천 알고리즘은 빅데이터 기술과 다르지 않다. 하지만 현재 회사에서 높은 성과를 보이는 구성원과 동일한 유형의 사람을 뽑는 경우 조직 구성원의 다양성 측면에서 부정적일 수 있다는 지적이 있다. 또한, 시시각각 변하는 사업환경 속에서 과거의 인재상으로는 변화 상황을 따라가지 못할 여지가 있다.

하지만, AI 면접의 부정확한 정보를 바로잡기 위한 프로그램 보완은 지속되고 있다. 첫눈에 조직의 DNA와 맞는 인재를 알아보려는 노력은 앞으로도 계속될 것이다.

02. "난 너에게만 집중해, 좀 더 세게 날 이끄네": 강한 조직문화 DNA 심기

지구 최강 동물인 '물곰(water bear)'이 달에 갔다는 소식이다. 물곰은 플랑크톤을 주로 먹고 사는 최대 1.5mm 크기 작은 동물이다. 곤충에 가깝지만 생김새가 물속을 헤엄치는 곰 같다고 이런 이름을 얻었다. 달에 보낸 동물로 물곰을 택한 것은 엄청난 생존 능력 때문이다. 30년 넘게 물과 먹이 없이도 살 수 있고, 섭씨 영하 273℃의 극저온이나 151℃ 고열에도 끄떡없다. 죽다 살아남은 물곰이 손상된 DNA를 스스로 고치며 살아남았다는 사실은 놀랍다.

제프리 이멜트 GE 회장은 "우리의 DNA(조직문화)가 변하지 않는다면 지속적 성장은 불가능하다."라고 말했다. 조직의 성패를 좌우하는 경쟁력의 원천으로 조직 문화는 중요하다. 인사담당자들은 '성공 DNA', '혁신 DNA'를 조직문화에 심기 위하여 고민을 계속하고 있다.

연구결과에 따르면 조직문화 혁신이 실패할 확률은 75%~80%에 이른다. 조직문화 혁신에 성공한 조직과 실패한 조직의 차이는 혁신의 방향성이 아닌 접근 방법의 차이에 있다는 것이 중론이다. 다시 말해 혁신의 지향점은 같아도, 구성원들의 행동 변화를 위해 어떤 접근 방식을 취했느냐에 따라 조직문화 혁신의 성공과 실패가 좌우된다는 것이다.

많은 기업들은 조직문화 혁신의 필요성을 강조하기 위해 위기 의식을 조장한다. 변화전문가인 존 코터 교수(John Kotter)의 언급대로 '불타는 갑판'식의 위기 상황을 상시적으로 조성하면 오히려 냉소주의와 조직 피로도가 증가하는 등의 역효과가 초래될 수 있다. '위기의식' 조장보다는, 변화의 방향을 제시하고 용기를 북돋우는 '긍정 의식' 고취가 효과적이다. 긍정심리학의 창시자인 바바라 프레드릭슨 교수(Barbara Fredrickson)는 '긍정의식'이 창의력과 문제해결 능력을 높이고, 불확실한 외부 환경에 유연하게 적응할 수 있게 하여 조직문화 구축에 효과적이라고 주장한다.

또한 조직문화 혁신 DNA를 심기 위해서는 구성원 개개인의 행동 변화가 필요하다. 논리적 설득이 아닌 직관적 공감을 위해 '보고', '느끼고', '변화하기'를 실천하여 감성적인 공감을 불러 일으켜야 한다. 인사담당자는 구성원들의 공감을 일으키기 위해 '무엇을 보여줄 지'를 고민해야 한다. 이와 함께 업무환경의 변화는 강한 조직 DNA가 조직에 자리잡을 수 있게 도와줄 것이다.

03. "이 모든 건 우연이 아니니까, 운명을 찾아낸 둘이니까": 직무적합성 강화로 고성과 DNA 심기

우수한 인력은 어떤 인력일까? Value 수준이 하늘을 찌르는 인력, 잠재 역량이 엄청난 인력만을 의미하지는 않는다. 조직에서 맡긴 역할과 잘 맞는 이가 'Right People' 일 것이다. 최적화된 인재를 활용하기 위해서는 직무와 인력 간의 찰떡궁합이 필요하다.

십수 년 전 국내 회사에 유행처럼 번졌던 '직무 분석' 열풍을 기억한다. 하지만 오랜 시간을 들여 만든 직무분류 체계를 책꽂이에 고이 꽂아둔 채 장식품으로만 활용하던 회사도 적지 않았다. 보기 좋게 큼직큼직한 대분류로 직무를 구분했을 뿐, 직무별 정의를 하지 않은 경우가 대부분이었다. 결국 수많은 시간을 들여 만든 직무분석과 날마다 이루어지는 구성원 이동은 별개로 운영되었던 것이 사실이다.

최적의 인재를 효율적으로 배치하기 위해서는 직무가 구분되고 명확하게 정의되어야 한다. 직무의 목표와 정의가 명료할 때 성공적인 직무 수행을 위한 요건도 명확하게 파악된다. '직무'와 이에 맞는 '최적의 인력'을 체계적으로 결합해야 한다. 조직은 '쓸 사람'이 없다고 탓하지 말고, 이제라도 직무체계 구축을 시작해야 할 것이다.

04. 성공 DNA를 심자.

2019년 한 대기업 총수는 "그 동안 위기 때마다 하나가 돼 기회로 바꿔온 DNA가 있으므로 이번에도 극복할 수 있다"는 메시지를 전했다. 당시의 일본 수출 규제 장기화에 대비한 각오를 다진 말이다.

스파이더맨이 영웅이 될 수 있었던 힘은 거미에게 물렸기 때문이다. 물리는 순간 거미의 DNA가 몸속으로 들어와 슈퍼 거미인간이 된 것이다. 조직문화를 책임지는 인사담당자는 우리의 조직을 '성공하는 조직'으로 만들기 위해 '성공 DNA'를 찾고, 심고, 발휘할 수 있는 방법이 무엇일지 고민해야 할 것이다.

채용
All in One

제2장

채용 트랜드

2-1 '고용브랜드'를 관리하자.

미국에서 남북전쟁이 끝났을 때 텍사스 목장에만 약 5백만 마리의 소 떼가 있었다. 북부의 소 가격이 오르자, 남부 목장의 카우보이들은 소 떼를 몰고 북부로 올라갔다. 목장 주인들이 자기 소와 다른 목장의 소를 구분하기 위해 소에 소인(消印) 표시를 했는데, 이것이 'Brand'의 탄생이다. Brand는 불꽃이라는 어원을 갖고 있는데, 여기서 '타고 남은 것'이라는 의미가 나왔다. 이렇듯 자기 소유를 증명하는 '소유의 표시'에서 출발한 Brand는 현대의 상거래에서 '신용'의 개념으로 발전하였고, 무형자산의 의미로 확장되었다.

선진 회사들은 채용 브랜드를 쌓는 데에 오랜 기간 노력해왔다. 넷플릭스의 최고인재책임자인 패티 맥코드(Patty McCord)는 저서 파워풀(Powerful)에서 "구성원들이 훌륭한 기회를 얻도록 지원하는 가장 좋은 방법은 당신의 회사가 최고의 인재를 채용하는 곳이라는 평판을 얻는 것이다."라고 말한다.[2)]

01. 고용브랜드란 무엇인가?

고용브랜딩(Employer Branding)은 조직의 구성원들과 채용 대상 인력 Pool들이 회사를 '일하고 싶은 회사'로 여길 수 있도록 홍보하는 활동이다. 다시 말해 회사의 인재상을 바탕으로 채용단계에서 입사지원자에게 전달하는 메시지이다.

결국 고용브랜드 관리는 회사에서 확보해야 할 잠재적 인재 Pool에게 회사가 원하는 메시지를 효율적이고 효과적으로 전달하는 행위이다.

고용브랜드란 '이 회사에서 얼마나 근무하고 싶은지'를 브랜드로 본 개념이다. 회사의 이미지는 고용 브랜드와 자연스럽게 연결된다. 당초 고용브랜드는 미국 등 서구 경영학의 개념이다. 예컨대, 구글의 경우 '구글에서 성장이 가능하다'라는 인식 자체가 고용 브랜드이다. 회사의 좋은 이미지는 입사지원자가 열망하는 회사로 거듭나게 한다.

---

2) 패티 맥코드, 「파워풀(Powerful)」, 한국경제신문, 2018.8.1, 167면.

02. 고용브랜드를 관리해야 하는 이유는 무엇인가?

입사지원자는 관심있는 회사의 정보를 얻고 싶어도 얻을 수가 없고, 어렵게 얻은 정보 조차 정확하지 않은 경우가 많다. 이는 채용에 대한 정보가 한 쪽에만 존재하고 다른 한 쪽에는 존재하지 않기 때문이다. 사실 입사지원자가 회사에 대한 모든 정보를 파악한다는 것은 비현실적이다. 비대칭적이고 불완전한 정보를 갖고 구직활동을 한다. 이처럼 정보가 한쪽으로 몰려있는 현상을 '정보의 비대칭성'이라 한다. 채용 담당자들은 '우리 회사의 필요 직무와 딱 맞는 인재'를 찾기 위해 혈안이 되어 있다. 하지만, 회사를 정확하게 알리지 못하고 다른 모습으로 알린다면 회사의 가치와 맞지 않는 구직자가 지원할 수 있다. "당신이 이 곳을 일자리로 선택할 이유는 무엇, 무엇, 무엇입니다."라고 대외적으로 알려야 한다.

결국, 회사의 EVP(Employee Value Proposition)을 명확히 하여 채용 시장에 알려야 한다. 회사가 지향하는 가치와 인재를 보는 관점, 구성원의 성장 비전, 근무 시의 장점이 무엇인지 정리하여 잠재적인 입사지원자에게 알려야 한다. EVP는 인터넷 채용 사이트, 채용 홍보활동에 일관된 메시지로 전달되어야 한다.

03. 고용브랜드 구축 방안은 무엇인가?

첫째, '회사의 브랜드' 자체가 고용브랜드이다.

회사의 매력수준이 높아야 구직자의 눈길을 끌 수 있다. 회사의 이미지는 천천히 변하고 시간이 필요하다. 오늘도 수많은 조직은 비즈니스 환경 및 법제도의 변화에 호응하고, '일하기 좋은 회사'의 이미지를 구축하기 위해 다양한 제도를 도입한다. 근로시간 단축에 대응한 'PC 오프제'와 '유연근무제', COVID-19에 대응한 '재택근무제', 워라벨 문화 조성을 위한 '육아휴직 활성화제도' 등이 그것이다. 초기의 우려와 달리 빠른 시간내에 조직에 정착되었다는 평가를 받았다.

둘째, 다양한 홍보채널을 확보한다.

최근 채용홍보가 모바일, 동영상 방식으로 급속하게 전환되었다. 구직자들은 취업사이트의 채용공지를 보고 바로 회사의 채용 블로그를 검색한다. 이는 회사의 홈페이지보다는 조직내 실제 생활을 느낄 수 있는 채용 블로그에 더욱 신경을 써야 하는 이유이다. 예컨대 국내 가구제조회사 A사의 경우 유튜브 크리에이터를 통한 콘텐츠 제작과 홍보를 진행하고 있다. 흥미있는 내용과 유머러스한 구성은 구직자의 눈길을 끈다.

셋째, 채널이란 그릇을 확보했다면 그릇에 담을 음식을 마련해야 한다.

알록달록 화려한 색감이 있는 음식보다는 내 입맛에 맞는 깊이 있는 음식에 손이 가듯, 진정성으로 어필해야 한다. 예컨대, '동종업계 매출 국내 5위의 회사', '글로벌 네트워크를 뻗어가는 회사' 등의 내용은 구직자 입장에서는 매력적이지 않다. 대신 '○○직무에서는 업계의 다양한 고객을 접할 수 있고, 고객관리를 통한 네트워크를 구축할 수 있다', '○○분야의 독보적인 위치를 점하고 있고 국내시장을 선도하는 직무 경험이 가능하다' 등 구체적인 장점을 언급해야 한다.

넷째, 외부기관을 전략적으로 활용한다.

특히 중소기업의 경우 외부기관을 적극적으로 활용해야 한다. 예컨대 구성원 대상의 복지제도가 정착되고 담당자들이 긍정적인 기업문화 조성을 위해 노력한다면 정부나 언론사 등 각종 기관에서 주최하는 각종 공모전에서 '일하기 좋은 기업', '고용 우수기업' 상을 받을 수 있다. 왜 이 상을 받게 됐는지 그 이유를 분석하여 강화한다면 그 자체가 강력한 고용브랜드가 될 것이다.

채용설명회를 활용하여 모교출신 구성원 선배들과 토크쇼 방식으로 회사와 직무소개를 하거나, 입사지원자 대상 사옥방문 및 직무투어를 하는 방안도 고려해 볼 만하다.

2-2 직무중심 상시채용의 정착방안은 무엇인가?

직무별 요구되는 필요 요건을 정의하고, 직무 요건에 적합한 인력을 적시에 확보하고, 적정 수준의 임금을 지급하는 '직무중심 인사관리'가 채용시장의 화두이다.

채용은 직무중심 인사관리의 시작이다. 다시 말해 '직무에 딱 맞는 적합한 인재'를 찾아 정확한 자리에 배치하는 방식으로 채용방식이 변하고 있다.

01. 지금까지 직무중심 채용이 어려웠던 이유는 무엇인가?

첫째, 공개채용 방식에서 원인을 찾을 수 있다.

공개채용의 시초는 1957년 삼성그룹이다. 기존 학연, 혈연, 지연으로 채용이 이루어진 관행을 타파하고 공정한 채용을 위한 공개채용 도입은 당시에는 무척이나 혁신적이었다. 공개채용은 대규모 입사지원자들을 정해진 시간내에 선별해야 하기 때문에 '직무별 특성에 맞는 차별적인 기준'보다는 '획일적인 기준으로 선별하는 방식'이 유용했다. 모집 단위도 '개별 직무단위'가 아닌 영업, 생산, 연구, 경영지원의 큼직한 '직군단위'로 모집할 수밖에 없었다. 다수의 입사지원자를 제한된 기간 동안 서류/필기/면접 전형을 통해 진행하다 보니 개개인별 직무적합성이 높은 인력인지 확인하기가 어려웠다. 입사지원자 입장에서도 평균 이상의 '임팩트 있는 스펙'을 쌓아야 하지만, 정작 입사 후에는 본인의 적성과 맞지 않는 일을 하게 되어 조기 퇴사[3]의 부작용이 늘어날 수밖에 없었다.

둘째, 인력배치, 직무순환이 광범위하게 이루어졌다.

예컨대, 연구직군의 전자공학 박사를 경영지원직군으로 이동배치하는 사례, 경

---

3) 머니투데이, "신입사원 31% 입사 1년 이내 퇴사", 2019.5.22.
구인구직 매칭 플랫폼 사람인이 신입사원을 채용한 기업 416개사 대상 '입사 1년 미만 신입사원 중 퇴사자 발생 여부'를 조사한 결과 전체 입사자 대비 조기퇴사자의 비율은 평균 31.4%였다. 조기퇴사자들이 회사에 밝힌 퇴사 사유는 '적성과 안 맞는 직무'가 59.2%(복수응답)로 가장 많았다.

영지원직군의 인력을 영업직군으로 순환배치하는 사례도 있다. 세부 직무단위로 채용을 했더라도 3년 후 다른 직무로 이동하는 경우가 비일비재했기 때문에 직무 중심 채용의 필요성을 느끼지 못했다.

02. 직무 중심의 상시 채용 정착을 위해서는 어떻게 해야 하는가?

첫째, 직무단위 인력운영 원칙을 수립하고 실행한다.

채용만이 아닌 인사이동, 운영 등 전체 인사관리가 직무 중심으로 움직여야 한다. 전체 직무 대상의 전면적인 도입이 어려울 경우 연구직무 등 직무역량 습득에 오랜기간이 소요되는 전문적인 직무를 우선하여 순차적으로 도입할 수 있다.

둘째, 직무 맞춤형 선발기능이 필요하다.

직무별 상시채용은 직무별 필요한 인력을 특화하고 직무별 역량을 검증하는 인턴십이 필요하다. 이를 위해서는 현업조직이 선발기능을 가져야 한다. 현업 주관으로 면접을 진행하고 입사지원자의 직무경험 파악과 직무적합도를 판단해야 한다.

직무 단위별 요구되는 역량은 다르다. 직무별 수시채용이 진행되면 직무별 선발방식과 기준이 다양해 질 것이다. 서류전형에서는 직무관련성이 높은 항목을 중심으로 직무별 요건과 수준을 별도로 정의한다. 필기전형에서는 직무단위별 직무역량과 전형 문항 간의 정합성을 높이도록 검사 항목을 차별화 한다. 면접단계에서도 직무별 역량 확인을 위하여 직무 특화 면접을 도입한다. 예컨대, 기술직군은 일대일 심화면접, 디자인직군은 회사에서 검토하고 있는 컨셉에 대한 디자인 개발 워크샵, 영업직군은 사례별 대안을 제안하는 단체과제 수행 등을 면접방식으로 도입할 수 있다.

셋째, 체계적인 면접관 Pool 구축이 필요하다.

범용적인 역량, 지식보다 직무역량을 중시하는 '직무별 채용체제'로 전환 시 선결과제는 '현업의 면접역량 강화'이다. 직무단위 채용을 위해서는 직무별 이해

수준이 높은 전문가를 면접관으로 선발해야 한다. 매년 일정기간 면접관 대상 면접교육을 진행하고, 면접역량이 낮은 인력은 면접관 Pool에서 제외시킨다. 또한, 면접관 역량 향상을 위해 직무별 구조화된 면접교육 프로그램을 구축한다. 면접관의 면접역량을 높이고, 우수인재를 판별하는 능력을 강화토록 한다.

면접전형의 중요성을 중시하는 선진회사인 아마존의 사례를 살펴보자. 아마존은 아마존만의 절대 기준을 두고 이 기준에 대한 적합성을 중점적으로 살펴보는 수준 높은 면접관제도를 운영한다. 채용 기준(Bar)을 올리는 사람이란 의미의 '전문면접관 제도(Bar Raiser 제도)'가 그것이다. 이들은 아마존의 조직문화를 충분히 이해하는 구성원들로 구성되고, 아마존의 리더십 원칙과 조직문화의 적합성을 검증한다. 바 레이저(Bar Raiser)로 선정되면 매주 최소 1회에서 10회까지 면접에 참여하고, 인당 2~3시간을 투자하여 일대일로 인터뷰하며, 면접내용을 꼼꼼하게 기록하고, 면접관 회의의 참석한다. 직무수행능력이 우수하더라도 아마존의 리더십 원칙과 조직문화에 맞지 않다고 판단될 경우 바 레이저(Bar Raiser)는 강력한 채용 거부권(Veto)을 행사한다. 바 레이저(Bar Raiser) 역할을 맡더라도 평가 우대나 별도 수당을 받는 것은 아니지만, 선발된 사람은 본인이 조직에서 인정받는 인재라는 자부심을 갖고 활동한다.

03. 직무 중심의 상시 채용 도입의 기대효과는 무엇인가?

첫째, 회사는 직무적합도와 조직만족도가 높은 '직무에 딱 맞는 인재'를 채용할 수 있고, 입사자는 회사와 함께 성장하는 기회를 맛볼 수 있다.

둘째, 직무별 상시채용은 지원자가 회사와 직무에 관한 아무런 정보 없이 입사함에 따라 발생하는 조기퇴직을 줄일 것이다.

셋째, 채용 적시성이 강화될 것이다. 기존의 공채방식은 1년에 2회 일괄적인 모집을 진행하기에 연중 결원이 발생하거나, 전문인력이 필요하더라도 다음 공채 시기까지 기다려야 했다. 그리고 다수의 지원자를 단계별로 전형하는 과정이 길어 현업 배치에 6개월 이상 소요되었다. 직무별 상시채용이 도입되면 인력 필요 시 개별로 수시채용을 할 수 있으므로 채용 전형의 소요시간이 대폭 단축될 것이다.

2-3 블라인드 채용의 성공적 정착방안은 무엇인가?

01. 진실한 사랑은 보이지 않는 것

안데르센의 동화 '눈의 여왕'을 모티브로 한 영화 '블라인드(Blind)'는 잘 짜여진 이야기와 겨울 북유럽 감성을 느낄 수 있는 영화이다. 국내 팬들의 성원에 힘입어 15년 만에 뒤늦게 한국에서 처음으로 개봉한 영화 블라인드는 모든 것을 보고 싶은 소년 루벤과 모든 것을 감추고 싶은 가정교사 마리의 애절한 사랑의 이야기를 그렸다. "진실한 사랑은 보이지 않는 것"이라는 마리의 편지에 이 영화의 모든 것이 담겨있다. 외모에 현혹되면 진실을 찾을 수 없다는 의미이리라.

02. 채용의 공정성이 중요한 이유는 무엇일까?

"정부는 청년들과 함께하고자 했고 공정과 정의, 평등한 사회를 위해 한 걸음씩 전진하고 있다." 지난 2020년 9월 19일 청년의 날 기념식에서 문재인 대통령은 '공정'을 37회 언급하며 공정한 세상에 대한 목소리를 높였고, 공정이 체감돼야 하는 분야로 '채용' 분야에 대한 언급도 잊지 않았다. 최근 일부 공공기관 및 은행권에서 채용비리 뉴스가 연이어 터진 이후 사회 전반에 걸친 '공정성에 대한 열망'이 확대되고 있다. 채용과정의 '공정성 확보' 요구도 이어지고 있다.

공정한 채용이 중요한 이슈가 된 이유는 무엇일까?[4] 2019년 11월 인사혁신처에서 발간한 '공정채용 가이드북'에 따르면 입사지원자를 공정하게 검증하면 학연, 지연, 혈연 등의 편견 요인이 배제되고, 과도한 스펙 쌓기 등의 사회적 비용이 절감되며, 결과에 대한 취업준비생들의 수용성이 높아지는 장점이 있다. 반면에 직무능력과 무관한 요인에 의한 불공정 채용은 우수인재 선발 기회 박탈, 조

---

4) 잡플렉스(JOBFLEX)가 2020년 8월 인사담당자를 대상으로 한 설문조사에 따르면 기업이 선발도구 선택 시 가장 중요하게 생각하는 요인 2위로 '공정하고 객관적인 평가가 가능한가?'가 꼽힐 만큼 기업들도 공정한 채용에 대한 관심이 크다.

직경쟁력 약화로 이어진다. 채용의 공정성이 강조되는 시점에서 '블라인드 채용'에 대한 관심은 커지고 있다

03. 블라인드 채용 도입 현황은 어떠한가?

'블라인드 채용'이란 채용 평가자의 편견을 유발할 수 있는 항목을 배제하는 대신 입사지원자가 가진 역량과 경험을 객관적으로 평가할 수 있는 평가도구만을 통해 선발한다는 개념이다. 2017년 7월 332개 공공기관, 149개 지방공기업 및 지방 출자, 출연기관에 블라인드 채용이 도입되었다.[5] 현행 공공기관의 블라인드 채용은 '절차의 공정성'을 강조하고 있으나, '내용의 공정성'에 대해서는 일부 의문이 있다.[6]

2018년에는 민간 대기업에도 블라인드 채용이 도입되었다. 하지만, 민간 기업에서 도입하고 있는 블라인드 채용은 전면적인 도입이 아닌 이벤트 수준에 그치는 경우가 많다. 예컨대, 서류전형에는 출신학교, 학점, 연령, 사진 등을 기입하되 면접만 블라인드로 진행하는 사례, 면접전형에서 어학점수 등 일부 정보를 면접관들 간에 공유하는 사례 등이다.[7] 아직까지 고민해야 할 사항이 적지 않은 상황에서 블라인드 채용을 순조롭게 정착시킬 수 있는 방안을 검토한다.

---

5) 예컨대, 입사지원서에 성명, 생년월일, 연락처 등 간단한 정보만을 기재하고, 자기소개서에 교육훈련의 내용과 자격증, 문제에 대한 지원자의 경험을 기재토록 한다. 채용계획에 대한 인사혁신처의 지침을 받아, 외부 검토위원을 초빙하여 절차의 공정성을 확인하는 경우도 있다.

6) 현행 공공기관 채용의 문제점은 크게 2가지이다. 첫째, 입사지원서만으로는 평가가 제한적일 수밖에 없고, NCS 기반의 필기시험과 면접전형의 비중이 커질 수밖에 없다. NCS는 역량표준을 제시하고, 지원자들에게 역량표준 기준의 자기계발을 유도함으로써 스펙 쌓기에 시간과 비용 낭비를 줄이자는 목적으로 개발되었다. 하지만 NCS의 직업기초능력은 당초의 취지와 달리 어렵고 복잡한 지문으로 출제되어 면접대상자를 줄이는 시험으로 변질되고 있다. 결국 입사지원자들은 NCS 문제풀이 학원에서 테크닉을 연마하고 있다. 둘째, 대학교육의 의미를 축소하게 한다. 전공수업보다 가산점을 얻을 수 있는 자격증 취득에 힘을 쏟는 결과가 발생하였다. 대학에서 4년 동안 배운 전공과목에 대한 평가는 숨기고, 1~2시간 동안 NCS 전공시험을 치르게 한다. 이 역시 대학교육보다 사교육 의존도를 높이는 결과를 낳는다.

7) 취업포털 잡코리아가 2020년 3월 인사담당자 554명을 대상으로 실시한 '블라인드채용 만족도'에 대한 설문조사에 따르면 회사 77.3%가 도입 취지에 동의하였지만, 실제 블라인드 채용을 도입한 회사는 57.6%였다. 블라인드채용 취지에 대한 동의가 곧바로 제도 도입으로 연결되지는 않았다.

04. 블라인드 채용의 성공적인 정착방안은 무엇인가?

첫째, 다양한 면접기법을 활용한다.

서류전형의 변별력이 낮은 블라인드 채용방식을 채택하는 경우 면접전형에 힘을 쏟아야 한다. 그동안 면접의 객관성을 저하시켰던 요인은 면접관의 편향적인 오류였고, 이를 극복하는 것이 해결책이다. 결국 면접의 신뢰성와 타당성을 높여야 하고, 다양한 기법을 활용하는 방안을 고민해야 한다.[8)]

역량과 관련된 과거의 사건을 구체적인 행동 중심의 꼬리물기식으로 진행되는 '구조화 면접', 과제를 분석하고 해결방안을 제시하는 '분석발표형 면접', 제시된 과제에 대한 토론과정에서 지원자들이 어떻게 의견을 제시하고 반응하는지를 평가하는 '집단토론 면접', 가상의 상황을 맞이한 대처자세를 관찰하는 '상황면접', 발표과정에서 논리적인 사고와 창의성, 의사전달력을 평가하는 '프레젠테이션 면접' 등이 있다. 업종과 직무에 맞는 면접기법을 선택해야 한다.

둘째, 면접 횟수와 시간을 늘린다.

아직까지도 면접시간이 지나치게 짧은 경우가 많다. 30분도 되지 않는 경우도 비일비재하다. 특히 공기업이나 공공기관, 중소기업이 면접에 할애하는 시간은 너무 짧다. 면접에 시간을 투자하지 않는 것은 채용의 최종테스트를 '직감'으로 판단하라는 말과 다름없다.

블라인드 면접은 입사지원자의 스펙 정보를 가리고 제한된 시간 내에 직무 수행 역량을 검증해야 한다. 짧은 시간의 면접으로 사람 됨됨이를 판단할 수 없다. 'Right Person'을 선발하기 위해서는 면접의 횟수를 3~4차례로 늘려야 한다. 역량을 제대로 검증하기 위해 검증이 필요한 역량을 4~5개로 선정하고, 역량별로 10분 이상 할애하고, 지원자 한 명당 면접시간을 늘려야 한다.

---

8) 잡코리아가 2019년 상반기 대기업 면접 경험자 1,588명을 대상으로 조사한 결과에 따르면, 면접관과 면접자 모두 다수가 참여하는 다대다면접(53.7%), 면접관이 다수인 다대일면접(28.6%), 토론면접(26.5%), 프레젠테이션 면접(24.7%), 일대일면접(22.8%), 영어면접(22.1%), 지원자가 다수인 일대다면접(19.9%) 등의 순이었다.

셋째, 면접절차를 정교하게 설계한다.

면접은 검증하려는 역량을 파악하는 과정이다. 한사람의 역량수준에 대한 평가결과는 면접관간에 균등해야 한다. 이를 위해서는 면접의 신뢰성과 타당성을 확보할 수 있는 균등한 척도가 필요하다. 면접평가 기준이 있지만 이를 해석하는 방식이 면접관마다 다를 수 있다. 면접관이 평가기준을 이해하지 못한다면 변별력이 낮은 평가결과를 보이거나, 지나치게 엄격 또는 관대한 성향을 보일 수 있다.

확인해야 할 역량이 무엇인지 정의되어야 하고, 정의된 역량을 검증할 수 있는 질문이 개발되어야 한다. 하나의 질문에 대해서도 다양한 질문 Pool로 구성해야 질문 유출에 따른 형평성 이슈를 방지할 수 있다. 질문별로 어떠한 답변과 행동을 할 때 몇 점을 줄지에 대한 평가척도가 개발되어야 하고 이를 면접관에게 교육해야 한다.

블라인드 채용을 도입하는 회사는 채용제도 및 절차 전반을 면밀히 분석해야 한다. 민간회사의 채용담당자라 하더라도 '공공기관 공정채용 가이드 북'을 참고해야 한다. 전 과정을 공공기관만큼 가이드대로 준수해야 할 필요는 없지만, 입사지원자들이 요구하는 눈높이를 파악할 수 있다.

넷째, 필기전형의 종류와 수준을 높인다.

블라인드 채용이 도입되면 제한된 정보만으로 서류전형이 진행된다. 기존과 같은 수준의 인성, 적성검사 중심의 필기전형은 입사지원자의 직무 능력을 평가하기에는 불충분하다. 필기전형 시 전공 및 직무분야의 지식을 검증할 수 있도록 전형 문항의 수준을 높여야 한다.

넷플릭스의 최고인재책임자인 패티 맥코드(Patty McCord)는 그의 저서 파워풀(Powerful)[9]에서 "인재를 찾기 위해 매우 창의적이 되어야 한다"고 주장한다. 블라인드 채용의 환경에서 직무에 맞는 적임자를 찾기 위한 깊은 고민은 계속되어야 한다.

---

9) 패티 맥코드, 「파워풀(Powerful)」, 한국경제신문, 2018.8.1, 178면.

2-4 AI 채용, 활용할까?

01. 채용에서 AI를 활용한다는 것은 무엇일까?

'AI 채용'이란 말 그대로 채용과정에 AI(Artificial Intelligence, 인공지능)를 활용하는 것이다.

미국 등 다른 나라에서는 우리보다 앞서 AI를 활용한 채용을 진행하고 있다. 예컨대, 유니레버는 신입사원 및 인턴 채용에 AI 채용방식을 도입하였다. 지원자가 구인구직 전문 소셜미디어인 링크드인(Linkedin)에 프로필을 등록하면 인공지능이 정보를 조합하여 지원서를 작성하고 적합성을 평가한다. 1차 면접도 인공지능이 주관하는 바, 입사지원자들이 질문에 답변하는 동영상을 제출하면 인공지능이 사용하는 단어, 얼굴표정, 응답속도를 평가한다. 국내 회사에서 채용분야의 인공지능을 활용한 시점은 2017년부터다. 국내의 한 AI 채용회사가 AI 채용 솔루션을 세상에 내놓고, 채용의 공정성이 이슈화되면서 2018년 이후 활용범위는 확대되었다.

02. AI 채용 활용의 방식은 무엇인가?

국내기업의 AI 채용 사례

단계	기업	내용
서류심사	A제과	• 필요인재 부합도, 직무적합도 검토
자기 소개서 분석	B제약	• 동일문장 반복 등 불성실 지원자 식별 검토
면접	C은행	• 사용 단어 분석을 통한 지원자 가치관 판단 • 게임 테스트를 통한 반응속도 판단
	D은행	• 지원자의 장단점, 특징 직무적합도 분석 결과를 대면 면접 시 활용

첫째, AI 서류 전형이다. 인공지능이 입사지원자의 자기소개서를 분석하고 채용 직무에 맞는 인재인지 여부를 판단한다. 자기소개서 표절 검증, 사용하는 단어와 문장을 통해 성향을 예측하며 채용부서가 정한 서류전형 합격기준을 통과했는지 결정한다.

둘째, AI 면접전형에 활용된다. 인공지능이 입사지원자에게 질문하고 이에 답하는 과정의 반응을 모니터링한다. 얼굴표정, 음성의 높낮이, 속도, 시선처리 등의 비언어적 표현 사용여부, 단어사용의 빈도 및 뇌파변동까지 살피며 판단한다.

03. AI 채용이 확대되는 이유는?

첫째, 잇따른 채용 비리로 어느 때 보다 채용의 공정성이 강화되는 시기이다. 취업시장에서 다수를 차지하게 될 Z세대를 맞이하게 될 회사에서는 채용과정의 공정성을 담보하지 않을 수 없다. AI 채용시스템을 한발 앞서 도입한 공기업에 입사지원자들이 몰리고 있는 모습이 눈에 띈다. '때때로 인정에 휘둘리고, 가끔씩 편향된 사람'보다 AI가 공정할 것이라는 인식 때문이다.

둘째, 4차 산업혁명시대를 맞이하여 본격적인 시동이 걸린 AI 채용은 COVID-19 확산과 더불어 본궤도에 진입하였다. 사회 전반에 걸친 언택트 문화 확산은 AI를 활용한 채용으로 이어지고 있다.

셋째, 최근의 채용 트랜드인 '수시채용'과 궁합이 맞는다. 필요할 때마다 필요 직군에 적합한 지원자를 찾아 면접하고 채용하는 수시채용 운영 과정에서 AI 채용이 유용하게 활용될 수 있다.[10)]

---

10) 박형철, "수시로 뽑고 실시간 평가하며 이동 배치 데이터 기반 AI가 HR 혁신의 핵심", 동아비즈니스리뷰, 2019년 8월호, Issue 2, 57면.
머서(Mercer)의 채용 툴인 '머서 매치'의 경우 소셜미디어나 대학교 홈페이지에 설치하여 지원자들이 게임으로 본인의 직무적성을 측정할 수 있도록 하고, 지원자가 동의하면 개인의 게임 결과를 저장한다. 회사는 사용료를 내고 축적된 데이터베이스를 활용하여 필요 시 일정 분야에 적성이 높은 사람을 검색하고, 후보자를 찾아 인터뷰하며 채용을 결정한다.

04. AI 채용의 장점은 무엇일까?

첫째, 데이터에 기반한 전형이 가능하다. 인공지능은 외모 등 불합리한 조건으로 입사지원자를 판단하지 않고 데이터에 기반한 정확한 판단을 진행한다. 면접 전형에서도 프로그램에 탑재된 구조화된 질문으로 진행된다. 입사지원자의 표정, 시선, 목소리 및 몸짓을 인공지능이 파악하고 회사가 원하는 인재상과 비교한다.

둘째, 채용비리를 막을 수 있다는 점이다. 면접관이 특정지원자에게 특혜를 줄 수 없고 청탁이 통하지 않는다. 자기소개서를 대필 또는 표절하여 작성한 입사지원자가 누구인지 찾을 수 있다.

셋째, 평가오류를 극복할 수 있다. 복수의 평가관 구성에 따른 편차, 후광효과 등 주관적 판단에 따른 영향을 최소화 할 수 있다.

넷째, AI가 채용분야에 빠르게 도입되는 이유는 경제적 효과에 있다. 채용담당자와 입사지원자 모두의 시간과 비용을 아낄 수 있다. 채용부서 입장에서는 입사지원서와 자기소개서 검토, 면접전형 과정에 소요되는 시간을 획기적으로 단축할 수 있다.[11] 입사지원자 입장에서도 원하는 시간과 장소에서 전형에 응할 수 있어 시간적, 경제적 부담이 줄어든다.

05. AI 채용의 단점을 생각해보자.

AI 채용을 부정적으로 바라보는 시선도 여전하다.

첫째, 인공지능이 사람의 됨됨이를 볼 수 있겠는가 하는 점이다. 아무리 기술이 발달한다 하더라도 인간 개개인이 가지고 있는 특유의 감성, 개성 그리고 인격은 정량적으로 수치화 할 수 없다. 사람을 채용하는 것은 'AI와 함께 일하는 사람'을 뽑는 것이 아닌 '나와 함께 일하고 싶은 동료'를 뽑는 행위이기 때문이다. 또한, 입사지원자의 언어와 비언어적인 표현을 바탕으로 점수를 부여하는 과정에서 누

11) SK㈜ C&C의 왓슨 기반 인공지능 '에이브릴(Aibril)' 홍보자료에 따르면 자기소개서 1장을 인공지능이 평가하는 경우 3초, 1만명 평가 시 약 8시간이 소요된다. 기존 채용담당자 10명이 하루 8시간씩 7일을 투입해야만 했던 업무량이 70분의 1로 단축된다고 소개한다.

가 크고 작은 시련을 이겨낼 끈기가 있고, 새로운 분야를 개척할 용기가 있는지는 인공지능이 파악하기 쉽지 않다.

둘째, 편향성이 남아있다. 기존의 채용데이터를 기반으로 인공지능 알고리즘이 만들어지기 때문에 기존 평가자의 편향이 남아있다.[12)]

셋째, 입사지원자의 또 다른 부담이 발생한다. AI 채용은 입사지원자의 전형절차 참가 시간과 비용을 아낄 수 있다는 장점이 있다. 하지만 지원자 입장에서는 인공지능 면접을 대비하기 위한 학원과 과외가 등장할 정도로 다른 측면의 부담이 커졌다.

넷째, AI 채용에 대한 부정적인 인식이 남아있다. 설문조사에 따르면 구직자의 40%가 AI 채용을 반대한다. 아직까지 사회의 정서가 AI를 전적으로 신뢰하지 못하고 있다는 의미이다.

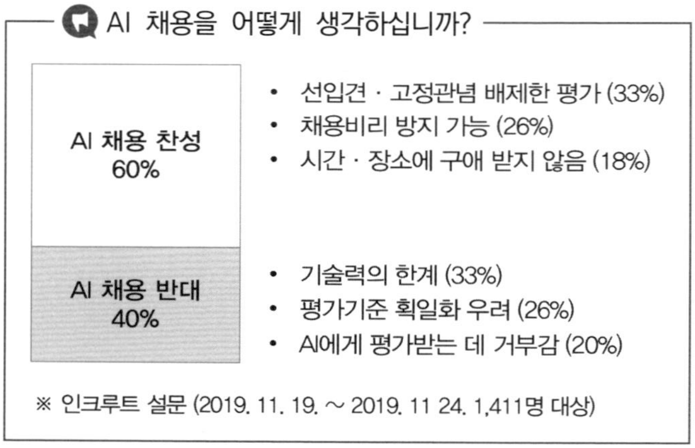

12) 2018년 10월 아마존은 인공지능 채용시스템 알고리즘을 폐기했다. IT기업 입사지원자 중 상대적으로 남성이 많아, 기존 데이터 기반의 AI가 남성 편향적이고 여성차별적으로 서류를 분류한 것이 폐기 사유였다.

06. AI 채용 활용할까?

AI 채용이 확산되어도 인공지능에게 채용결정을 맡기는 것은 아니다. 누구를 채용할지 최종 선택은 사람이 하는 것이다. AI는 객관적인 데이터를 기반으로 채용담당자의 의사결정을 지원하는 것이다. 사람이 가지는 오류를 보완하는 도구로 생각해야 한다.

미래학자이자 메가트렌드(Megatrends)의 저자인 존 나이스비트(John Naisbitt)는 "과학 기술은 탁월한 도구이지만 인간의 본성과 필요, 기술이 균형을 이룰 때만 도움이 된다"라고 말했다. 인공지능의 객관적 데이터와 사람의 경험에서 나오는 감성적인 직관력을 양손으로 함께 사용해야 직무에 맞는 인재를 채용할 수 있다.

2-5 SNS를 활용한 채용활동을 알아보자.

1990년대 중반부터 2000년대 중반 사이에 태어난 'Z세대'는 태어날 때부터 디지털 문화를 접해 스마트폰, TV, 노트북, 데스크톱, 태블릿 등의 IT기기를 자유롭게 바꿔가며 사용할 수 있다. 이전의 어느 세대보다 소셜미디어를 통한 인간관계를 중시한다. 구직자의 연령대가 변화하는 시점에서 온라인 플랫폼을 활용한 채용활동에 관심을 가져야 한다.

01. SNS를 활용한 입사지원자 찾기

미국 회사의 사례를 살펴보자. 적지 않은 미국 회사에서는 채용부서가 구직자에게 먼저 메일을 보내 면접을 요청한다. 구글 등의 선진회사는 수많은 채용담당자가 직접 SNS로 대상자를 찾고, 실제 업무를 함께 할 구성원을 대상으로 순차적으로 인터뷰를 진행한다. SNS에는 구글로부터 받은 채용 인터뷰 제안 이메일을 자랑하는 취업준비생들이 적지 않다.

회사의 SNS를 통한 채용 활동의 영역이 커지고 있다.[13] 링크드인을 활용하여 채용대상자를 찾고, 페이스북을 활용하여 구직자에게 메시지를 보내고, 트위터를 통해 채용 공고 사이트를 트윗하며 인스타그램을 통해 회사 구성원의 활동 사진을 올린다.

IT회사는 개발자 채용 시 입사지원서에 SNS 계정을 써넣으라 요구한다. 페이스북 계정 등으로 지원자의 인간관계를 뒷조사하려는 것은 아니다. 입력을 요구하는 계정은 개발자의 페이스북이라 불리는 깃허브(Github) 계정이다. 깃허브는 소프트웨어 개발 소스 코드를 편리하게 관리하는 서비스이자, 개발자들의 SNS이다. 대부분의 개발자가 공개적으로 사용하고 있기에 깃허브 계정만 알면 그동안

13) SHRM이 2016년에 발표한 자료에 따르면 '채용에 소셜 미디어가 얼마나 사용되는가'에 대한 설문조사 결과, 회사의 84%는 Social Recruiting을 이미 사용하고 있다고 대답했다. 가장 효과적인 사이트는 링크드인(73%), 페이스북(14%) 순으로 조사되었다.

수행한 프로젝트와 활용가능한 개발 언어를 확인할 수 있어 구직 포트폴리오가 되는 셈이다.[14]

02. SNS를 활용한 직무체험(Realistic Job Preview)

입사지원자에게 회사에 대한 지나친 기대보다는 현실적인 모습을 보여줘야 한다. 채용 과정에서 기대 수준을 낮추는 것은 지원자의 규모를 축소하는 측면도 있지만, 반면에 직무만족과 근속 측면에서 장점이 있다. 적극적으로 입사를 희망하는 지원자들에게는 기대를 낮추고, 소극적인 지원자에게는 현실적인 모습을 보여줄 수 있는 기회가 된다. 다시 말해 조직의 단점이 아닌 솔직한 모습을 볼 수 있도록 유도한다.

SNS를 활용한 현실적인 직무 체험(Realistic Job Preview)을 통해 회사와 입사지원자가 직접 소통하고 있다. 최근 유튜브를 통해 조직 구성원의 직장 체험 동영상을 소개하는 회사가 늘고 있다. 이는 밀레니얼 세대 응시자들에게 정확한 직무 정보를 제공하고 조직생활의 현실을 구체적으로 확인할 수 있는 기회를 제공하여 중도 이탈을 줄이고자 하는 노력이다. 예컨대, 삼성전자는 유튜브 계정 '삼성전자 뉴스룸'에 '데이로그'와 '직장인 Vlog' 시리즈 영상을 올리며 연구소 구성원의 출근부터 퇴근까지 하루 업무 일과를 소개한다. SK이노베이션도 유튜브를 통해 기술혁신연구원을 공개하며 구석구석을 투어 형식으로 보여준다.

---

14) 이학연, 「경영을 넷플릭스하다」, 넥서스Biz, 2020.3.8, 195면.

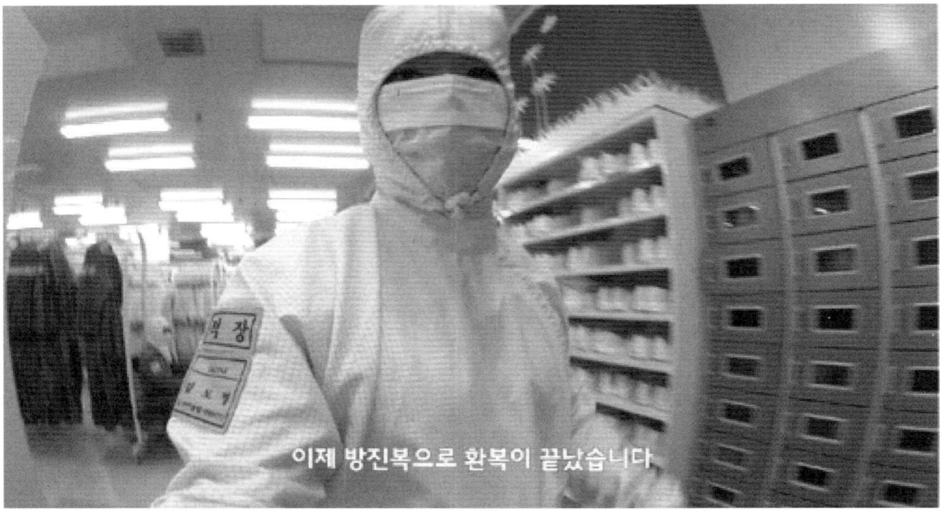

※ 출처 : 삼성전자 뉴스룸 공식 유튜브 채널

빠르게 변하는 인력수요에 대응하고자 SNS를 활용하여 잠재적인 입사지원자 Pool을 넓히는 회사가 늘고 있다. 예컨대, 인터넷 신발 쇼핑몰 자포스(Zappos) 입사에 관심있는 이들은 링크드인 등의 구직 사이트가 아닌 'Zappos Insiders'를 통해 채용정보를 얻을 수 있다. SNS를 통해 자포스에서 일하는 구성원들과 네트워크를 맺고 현재 직무, 관심사, 역량 등을 소개하며 교류를 지속한다. 신규채용이 필요한 경우 채용담당자들은 별도의 이력서 없이 Zappos Insiders를 통해 지원자를 찾는데, 잠재적인 입사지원자들과 자포스 사이의 적합성이 있는지 확인한다.

또한, 구직자들은 전직, 현직 구성원들이 익명으로 해당 회사에 대해 직접 느낀 경험을 공유하는 사이트에 접근하여 정보를 얻는다. 이를 통해 구직자는 입사 후의 모습을 그려보는 기회를 갖는다.

2-6 채용의 성과를 분석하자.

채용담당자들은 일년 내내 바쁘다. 사업별로 몇 명의 인원이 필요한지 인력수요를 파악하고, 채용공고에서부터 서류전형, 면접전형, 합격통보까지 쉴 틈 없는 업무일정을 이어간다. 분주하게 돌아가는 채용과정에서 놓치기 쉬운 부분은 채용결과에 대한 효과분석이다. 채용 전체의 효과와 효율을 높이기 위해서는 채용성과를 분석해야 한다.

01. 입사지원자의 규모와 수준을 분석한다.

첫째, 지원자의 규모 파악이 우선이다. 전체 지원자 대비 선발 인원을 파악하는 것이다. 고용환경에 따라 차이가 있을 수 있지만, 지원자의 숫자가 많다는 것은 그만큼 회사의 채용에 관심을 갖는 사람이 많다는 것이다.

둘째, 적합한 지원자 파악이다. 지원자의 절대인원 규모는 많지만 막상 뽑을 사람이 없다면 곤란하다. 이를 위해서는 지원자의 경력 등을 등급화 하여 분석해야 한다. 몇 년치의 추세를 분석하면 동종 경쟁업체의 채용 규모와 채용 시기를 고려한 채용 절차, 시기의 조정에 대한 시사점을 얻을 수 있다.

02. 모집방법의 효과를 측정한다.

첫째, 모집 채널별 지원자의 규모와 수준을 분석한다. 채용 포털 모집광고, 대학 리쿠르팅, 채용 박람회, 전문가 네트워크, 헤드헌팅 등 모집 채널별 중점 포인트에 대한 착안점을 얻을 수 있다. 이때, 모집 채널별 소요비용도 세분화하여 분석한다면 의미있는 결과를 얻을 수 있다.

둘째, 얼마동안 모집하는 것이 적절한지 분석한다. 모집 기간을 늘리면 지원자 규모는 늘겠지만, 소요비용은 늘어난다. 채널별 모집기간과 지원자의 지원시점별 인원규모, 수준의 상관성을 꼼꼼하게 분석한다면 효과적인 모집기간을 결정할 수 있다.

03. 고용브랜딩의 효과를 분석한다.

채용 공고를 접하게 된 경로는 무엇인지, 채용 공고를 본 회사의 이미지는 무엇이고, 실제 면접과정에서 받은 느낌과 다른 것은 무엇인지 등을 파악해야 한다. 지원자 대상의 설문조사를 하거나 인터뷰를 통해 결과를 얻을 수 있다.

04. 면접관의 '채용 타율'을 분석한다.

대한민국 프로야구에서 단일 시즌 최고 타율은 백인천 선수가 1982년 초대 MBC청룡의 감독 겸 선수로 뛰며 기록한 0.412(4할 1푼 2리)이다. 언뜻 보면 4할이라는 숫자가 별 게 아니라고 생각할 수 있지만, 시즌 내내 상대 A급 투수들에게도 하루에 2안타를 친 경기가 대부분이어야 나올 수 있는 놀라운 기록이다. 수많은 선수들이 경기를 뛰지만, 한시즌을 마친 후 3할 타율을 기록하는 선수가 몇 안되는 사실만 봐도 그 어려움을 알 수 있다.

제너럴 일렉트릭(GE)의 최고경영자를 20년간 맡았던 전설적인 경영인 잭 웰치(Jack Welch) 전 회장과 세계적인 학술지인 '하버드 비즈니스 리뷰' 편집장을 지낸 그의 아내 수지 웰치(Suzy Welch)는 '채용 타율제(HBA : Hiring Batting Average)'를 제안한다.[15]

채용 타율제의 방식은 다음과 같다. 면접관이 입사지원자를 면접하면서 '합격' 또는 '불합격'을 선택하도록 한다. 채용 후 6개월이 지난 시점에서 입사자들의 업무 성과를 기준으로 '기대 이상', '적합', '기대 이하' 여부를 평가하고, 이를 통해 면접관의 채용 타율을 계산한다. 예컨대, A면접관이 10명의 면접대상자에게 '합격'을 표시하고, 6개월 후 그들 중 8명이 '기대 이상'의 실적을 발휘했다면 채용 타율은 '8할'이 된다. B면접관이 '합격'을 표시한 10명 중 3명만이 '기대 이상'의 실적을 보였다면 채용 타율은 3할인 셈이다. 프로야구에서 3할의 타율이라면 꽤 높은 수준이지만, 채용에서 3할은 높다고 할 수 없다. 이와 같은 채용 타율을 반영하여 '사람 보는 눈'을 가진 A면접관은 계속 면접에 참여토록 한다. 하지만, 타

15) 중앙선데이, "잭 웰치 부부의 성공 어드바이스, 좋은 사람을 뽑으려면…", 2007.7.8.

율이 낮은 B면접관은 면접에서 손을 떼도록 한다.

'채용 타율제' 도입으로 기대할 수 있는 효과는 무엇일까?

첫째, 면접관은 면접 이후에도 자신이 뽑은 입사자에게 관심을 기울이게 된다. 자신의 결정을 책임져야 한다는 사실을 알게 되면, 스스로 입사자의 멘토가 되어 조직 내에 안착할 수 있도록 도움을 준다. 사람을 제대로 채용하기 위해서는 면접관들이 열의를 갖고 자신이 내린 결정에 책임을 져야 한다.

둘째, 면접관 Pool 중에서 옥석을 가릴 수 있다. 바쁜 업무 중에 성의를 가지고 면접에 참여하는 면접관과 면접실에 우두커니 앉아 있기만 하는 면접관을 가릴 수 있다.

채용
All in One

제3장

채용절차법의 이해

3-1 [채용절차법의 개요]
- 채용단계별 점검 Map을 그려보자.

채용 업무를 맡았다면 채용의 단계별 전체 절차를 머리에 담고 단계별 체크포인트를 고려해야 한다.

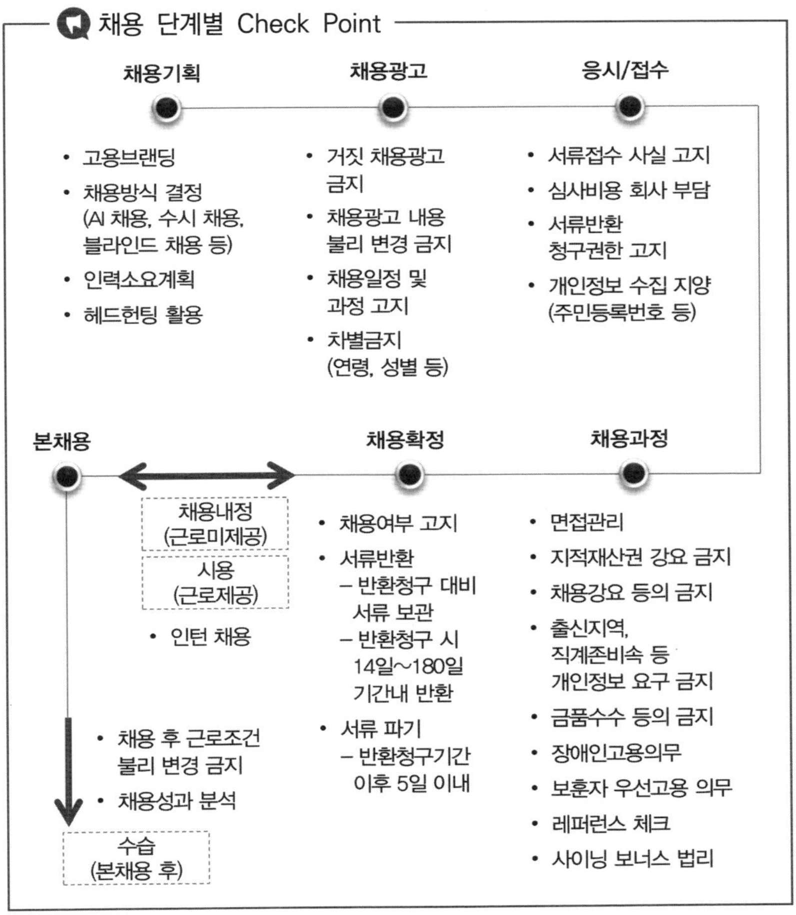

3-2 [채용절차법의 개요]
- 채용절차법은 무엇일까?

최근 사회 전반에 걸쳐 공정성이 강조되고 있다. 공정하고 공평하게 바른 것을 선택하는 절차적 공정성이 화두가 된 것이다.

채용절차의 공정성을 확보하기 위한 기준을 정하고자 '채용절차의 공정화에 관한 법률'(이하 '채용절차법')이 제정·시행되었다. 다시 말해 채용 과정에서 발생할 수 있는 구직자의 권익 침해를 예방하고, 채용 절차의 공정성을 확보하기 위하여 이 법이 제정되었다. 채용절차법은 다음의 내용으로 구성되었다.

채용절차법 구성

1 채용광고 단계
- 거짓 채용광고 금지
- 채용광고 내용 불리 변경 금지
- 채용 후 근로조건 불리 변경 금지
- 지적재산권 귀속 강요 금지
- 채용강요 등 금지
- 출신지역 등 개인정보 요구 금지

2 서류접수 단계
- 서류접수 사실고지

3 전형 단계
- 심사비용 회사부담
- 채용일정 및 과정 고지
- 채용여부 고지

4 서류반환 단계
- 서류반환 청구권한 고지
- 반환청구 대비 서류 보관
- 반환청구 시 14일 이내 반환
- 최대 180일 이내 서류 파기

5 개인정보보호
- 구직자의 개인정보보호 조치

이 법은 상시근로자 수에 따라 단계적으로 시행되어 2017년 1월 1일부터 상시 근로자 수 30인 이상의 근로자를 사용하는 사업 또는 사업장에서[16] 확대 시행[17] 되고 있다.

---

16) 공무원법·선원법·사립학교법·청원경찰법 등 특별법이 적용되는 상시 30명 이상의 근로자를 사용하는 사업 또는 사업장에도 채용절차법이 적용된다. 국가 및 지방자치단체가 근로자를 채용하는 경우에도 당연히 적용되나, 국가 및 지방자치단체가 공무원을 채용하는 경우에는 채용절차법이 적용되지 않는다.

17) 300인 이상 기업, 공기관, 지방공사, 지방자치단체 등은 2015년 1월 1일부터 시행되었다.

3-3 [채용광고 단계]
- 거짓 채용광고는 금지된다.

일자리를 구하고자 채용광고를 보고 응모한 구직자의 권익은 보호해야 하고, 인재를 채용하는 회사의 기만행위 등 채용시장의 부조리는 근절해야 한다. 채용절차법에 따르면 회사는 채용을 가장하여 아이디어를 수집하거나 사업장을 홍보하기 위한 목적 등으로 거짓의 채용광고를 내지 못한다. 이를 위반한 회사에게는 형벌(5년 이하의 징역 또는 2천만원 이하의 벌금)이 부과된다.

관련 법조문

채용절차법 제4조(거짓 채용광고 등의 금지)

① 구인자는 채용을 가장하여 아이디어를 수집하거나 사업장을 홍보하기 위한 목적 등으로 거짓의 채용광고를 내서는 아니된다.

01. '거짓 채용광고'란 무엇일까?

형식적으로는 채용광고이나 실질적으로 채용의 의도가 없는 광고는 모두 거짓 채용광고에 해당된다. 채용을 가장하여 구직자의 사업아이디어 등을 수집하기 위한 광고, 채용을 가장하고 사업장을 홍보하기 위한 광고, 그 밖의 채용을 가장하였으나, 채용 외에 다른 목적[18)]으로 하는 광고 등의 사례가 있다. 구체적인 사례는 다음과 같다.

- 구직자에게 개인정보를 제출토록 한 후, 개인정보를 이용하여 대부업체에서 대출받아 도주한 사례

18) 채용 외에 다른 목적의 광고에는 물품판매, 수강생모집, 직업소개, 부업알선, 자금모금, 투자 유치 등이 있다.

- 회사가 채용전형과정에서 구직자에게 특정 제품을 홍보하고 판매한 사례
- 정규직 채용 구인광고를 하였지만 면접전형 과정에서 프리랜서 근무형태를 유도하며 물품판매를 강요한 사례
- 택배기사 채용 구인광고를 하였지만, 채용을 가장하여 화물차를 고액으로 판매한 사례

3-4 [채용광고 단계]
- 채용광고 내용은 변경할 수 없다.

관련 법조문

채용절차법 제4조(거짓 채용광고 등의 금지)

② 구인자는 정당한 사유 없이 채용광고의 내용을 구직자에게 불리하게 변경하여서는 아니 된다.

③ 구인자는 구직자를 채용한 후에 정당한 사유 없이 채용광고에서 제시한 근로조건을 구직자에게 불리하게 변경하여서는 아니 된다.

01. 채용광고의 내용 변경은 금지된다.

채용 과정 중에 불가피한 경우 회사는 채용광고의 내용을 변경할 수 있다. 하지만 회사는 '정당한 사유' 없이 채용광고의 내용을 구직자에게 불리하게 변경할 수 없다. 여기서 '정당한 사유'란 교통 편의를 위해 시험장소를 변경하는 등 사회통념상 채용광고의 내용을 변경할 만한 합리적이고 타당한 이유가 있다고 인정되는 경우를 말한다.

구직자에게 불리하지 않은 변경 또는 유리한 변경은 가능하다. 이를 위반할 경우 회사에게는 500만원의 과태료가 부과된다.

02. 채용광고에서 제시된 근로조건의 변경은 금지된다.

채용이 확정되면 회사와 구직자는 대등한 지위에서 근로계약을 체결하는 것이 원칙이다. 하지만 현실에서는 회사에 비해 구직자의 지위가 낮은 경우가 많다. 채용절차법에 따르면 회사가 정당한 사유 없이 채용광고에서 제시한 근로조건을 구직자에게 불리하게 변경하는 것은 금지된다.

회사는 구직자를 채용한 후에 정당한 사유 없이 채용광고에서 제시한 근로조건을 구직자에게 불리하게 변경해서는 안된다. 여기서 '정당한 사유'란 사회통념상 채용광고에서 제시한 근로조건을 변경할 만한 합리적이고 타당한 이유가 있다고 인정되는 경우를 말한다. 구직자에게 불리하지 않은 변경 또는 유리한 변경은 가능하다. 이를 위반할 경우 회사에게는 500만원의 과태료가 부과된다.

3-5 [채용서류 전형]
- 채용서류 등의 귀속을 강요할 수 없다.

건축설계업체 '연필과 지우개'는 채용 전형과정에서 구직자들로부터 디자인 포트폴리오(시안)를 채용 서류로 접수 받고, 저작권 등 지식재산권을 업체에 귀속하도록 강요하기로 악명이 높다. 매번 한 명도 채용을 하지 않은 채 구직자들의 디자인 포트폴리오만 모아 사업에 활용하였다.

이와 같이 구직자에게 '채용서류' 및 '이와 관련한 저작권 등의 지식재산권'을 회사에게 귀속하도록 강요하는 행위는 금지된다. 이를 위반한 회사에게는 500만 원 이하의 과태료가 부과된다. 법은 '귀속을 강요하는 행위'를 금지하므로 구직자의 지식재산권이 회사에게 실제로 귀속되지 않았더라도 회사에 과태료가 부과될 수 있다.

관련 법조문

채용절차법 제4조(거짓 채용광고 등의 금지)

④ 구인자는 구직자에게 채용서류 및 이와 관련한 저작권 등의 지식재산권을 자신에게 귀속하도록 강요하여서는 아니 된다.

01. 귀속 강요 금지 대상은 무엇일까?

첫째, '채용서류'의 귀속 강요는 금지된다. '채용서류'란 기초심사자료, 입증자료, 심층심사자료를 의미하며, 채용과 관련하여 구직자로부터 제출 받는 유형·무형의 일체의 자료를 의미한다. 각각의 정의와 예시는 다음과 같다.

채용서류의 종류

구분	정의	예시
기초 심사 자료	구직자의 응시원서, 이력서 및 자기소개서	응시원서 또는 입사지원서, 경력기술서, 자기소개서, 기타 구직자의 인적사항, 학력, 경력, 이력, 직무능력 및 인성 등을 확인할 수 있는 기초심사에 필요한 사항을 기재한 일체의 서류
입증 자료	학위증명서, 경력증명서, 자격증명서 등 기초심사자료에 기재한 사항을 증명하는 일체의 자료	생활기록부, 학위증명서 또는 졸업증명서, 경력증명서, 성적증명서, 자격증사본 또는 자격증명서, 병적증명서, 능력시험성적서(외국어능력시험성적서, 한국사능력시험성적서, 국어능력시험성적서, 한자능력시험성적서, 컴퓨터활용능력시험성적서 등), 수상확인서 (해당 기관확인서, 상장 원본/사본 등), 장애인 증명서, 취업지원 대상자증명서(국가유공자 등), 지도교수나 저명지인 등의 취업추천서, 각종 학회나 협회 등의 회원(가입) 확인서, 기타 기초심사자료에 기재한 사항이 사실임을 증명하는 일체의 서류
심층 심사 자료	작품집, 연구실적물 등 구직자의 실력을 알아볼 수 있는 일체의 물건	건축설계도면이나 사진 내지 디자인 작품 등 개인 창작 실적을 담은 각종 포트폴리오 (자신의 실력을 보여줄 수 있는 작품이나 관련 내용 등을 집약한 자료수집철 또는 작품집), 학위논문, 사업제안서 또는 아이디어제안서, 학회지 등 기고논문, 연구보고서 등 기타 연구실적물, 기타 구직자의 능력이나 실력을 알아볼 수 있는 일체의 물건 및 자료

둘째, '채용서류와 관련한 저작권 등의 지식재산권'은 구직자가 제출한 채용서류(기초심사자료·입증자료·심층심사자료)와 관련한 저작권 등의 지식재산권을 말한다. 저작권 등의 지식재산권을 침해받은 경우 '저작권법' 등 관련 법령을 통해 보호받을 수 있다. 회사가 구직자에게 지식재산권의 귀속을 강요하는 행위 자체가 금지된다.

3-6 [채용의 공정성 침해 금지]
- 누구든지 채용의 공정성을 침해할 수 없다.

채용비리 사건 중 하청 대상 원청 직원의 채용요구, 채용관련 금품수수 등의 사건이 적지 않다. 이와 같은 사건은 채용담당자의 직무상 독립성을 해치고, 고용질서를 저해한다. 채용절차법에 따르면 채용의 공정성을 확보하기 위하여 채용강요 등의 행위, 채용 관련 금품수수 등의 행위는 금지되고 이를 위반하는 경우 회사에게 과태료가 부과된다.

관련 법조문

채용절차법 제4조의2(채용강요 등의 금지)

누구든지 채용의 공정성을 침해하는 다음 각 호의 어느 하나에 해당하는 행위를 할 수 없다.

1. 법령을 위반하여 채용에 관한 부당한 청탁, 압력, 강요 등을 하는 행위
2. 채용과 관련하여 금전, 물품, 향응 또는 재산상의 이익을 제공하거나 수수하는 행위

01. '채용의 공정성'이란 무엇일까?

첫째, 채용절차법 제4조의2에서 '누구든지'라 함은 '채용을 청탁한 행위자'를 의미하며, 청탁을 받은 사람을 의미하지 않는다. 예컨대, A가 지인인 B를 통해 입사지원자 C를 회사에 입사시키고자 채용담당자 D에게 부당한 채용을 청탁한 경우 법령 위반자는 A와 B이다.

둘째, '채용담당자의 직무상 독립성' 침해 여부를 중심으로 '채용의 공정성' 침해 여부가 결정된다. 예컨대, A가 회사의 채용담당자 B에게 지인인 C가 응시하였으니 잘 부탁한다고 하였으나, 실제 채용은 내부규정상 절차와 기준을 준수하여 C가 최종합격한 사례를 살펴보자. 이와 같은 경우 채용과정이 정해진 절차와 기준에 따라 진행되었으므로 채용담당자 B의 직무상 독립성을 침해한 것은 아니다.

02. 채용강요 등은 금지된다.

채용절차법 제4조의2제1호는 누구든지 법령을 위반하여 채용에 관한 부당한 청탁, 압력, 강요 등의 행위를 금지하고, 위반 시 회사에게 3,000만원 이하의 과태료가 부과된다. 좀 더 자세히 살펴보자.

첫째, 부당한 청탁, 압력, 강요 등 행위의 내용이 '법령에 위반'됨을 의미한다. 여기서 말하는 '법령'의 범위에 대해서는 제한하거나 하위 법령에 위임하지 않고, 모든 법령을 포함한다.

둘째, '부당한 채용 청탁'이라 함은 '청탁금지법' 제5조에서 금지하는 부정청탁 행위의 개념을 참고하여 '채용에 부당하게 개입하거나 영향을 미치는 행위'로 볼 수 있다. 예컨대, 자신의 지인을 채용시키고자 자격미달자 채용, 순위 변경 등을 요구한다면 이는 채용 청탁으로 볼 수 있다. 하지만, 채용절차에 개입하려는 사실이 없고 단순한 수준의 추천을 한 경우라면 채용 청탁으로 보기 어렵다.

셋째, '채용압력'이다. '원청의 하청 대상 채용 요구', '공공기관 임원의 민간 용역업체 대상 채용 요구' 등과 같이 사회·경제적 권력이나 세력을 이용하여 채용의 공정성을 침해하는 행위를 하는 경우 채용 압력에 해당된다. 압력의 결과 채용이 되지 않더라도 적용이 가능하다.

넷째, '채용강요'이다. 형법 제324조의 강요죄를 준용할 수 있다. 회사의 인사담당자를 폭행 또는 협박하여 특정 구직자를 채용하였다면 결과가 나타나지 않아도 '채용강요'에 해당할 수 있다. 예컨대, 원청 기관장이 지인의 자녀 채용을 위하여 시험성적 조작을 지시하고, 거부할 경우 인사상 불이익을 주겠다고 협박한 경우 채용이 되지 않았더라도, 성적조작 지시와 협박은 채용강요 미수로 볼 수 있다.

03. 채용 관련한 금품수수 등은 금지된다.

채용절차법 제4조의2제2호는 누구든지 채용과 관련하여 금전, 물품, 향응 또는 재산상의 이익을 제공하거나 수수하는 행위를 금지하고, 위반 시 3,000만원 이하의 과태료 부과를 규정하고 있다. 제4조의2제1호와 다르게 '법령을 위반하여'라는 규정이 없으므로 법령을 위반하지 않았더라도 채용 관련 금품수수를 한 경우 과태료가 부과될 수 있다. 채용 관련 금품수수를 하는 경우 채용의 결과와 무관하게 해당하는 행위만 있어도 적용된다. 또한, 금품수수 금액, 물품 가격은 관련이 없다. 앞서 채용청탁의 경우 '채용 행위자'만 과태료 부과대상이나, 금품수수 등은 '준 사람'과 '받은 사람' 모두에게 과태료가 부과된다. 예컨대, 채용 부탁을 하면서 인사담당자에게 일정 금액 상당의 선물을 한 경우 선물을 한 사람과 인사담당자 모두 과태료 부과 대상이다.

단, 과태료 부과 시 다른 법률에 따라 이미 형사처벌을 받은 경우 과태료를 부과할 수 없다. 과태료 부과 후 형사처벌을 받은 경우에는 그 과태료 부과는 취소된다.

'채용절차법 시행령 별표2'에 따라 과태료는 위반횟수에 따라 가중된다. 횟수는 제4조의2제1호와 제2호를 구분하지 않고 합산한다.

04. 만약 채용 청탁을 요구받는다면?

만약 아는 지인으로부터 채용 청탁을 받는다면 어떻게 해야 할까? 더랩에이치 김호 대표는 저서인 '직장인에서 직업인으로'에서 메리 젠틸러(Mary Gentile) 교수의 도구인 '상황 재구성'을 활용하여 사고실험(Thought Experiment)을 해보라고 조언한다. 예컨대, 우정을 말하며 부정한 채용 청탁을 하는 친구에게는 똑같이 우정이라는 가치를 활용하되, 상황을 재구성하라는 것이다. "친구인 너의 기분을 상하게 하고 싶지는 않다. 그렇다면 친구인 너도 이런 청탁을 받고 부담을 느끼는 나의 기분을 고려해줘야 한다고 생각한다." 채용담당자라면 자신의 가치관과 배치되는 상황에 대응하기 위해 사고실험과 시뮬레이션 훈련을 활용할 수 있을 것이다.[19]

19) 김호, 「직장인에서 직업인으로」, 김영사, 2020.5.26, 264면.

3-7 [출신지역 등 개인정보 요구 금지]

- 직무 중심의 채용을 위한 개인정보 요구는 금지된다.

최근의 조사에 따르면 구직경험자의 53%는 면접 시 개인정보에 관한 질문을 받았다고 답했다. 많이 받은 질문은 가족관계, 결혼여부, 출신학교, 부모님 직업, 애인유무, 출신지역, 종교와 신념사상, 키, 몸무게 등 신체와 외모 관련, 출산계획, 재산과 자산 순이었다.[20]

채용절차법은 직무 중심의 공정한 채용문화 정착을 유도하고자 채용 시 구직자의 외모 등 신체적 조건과 출신지역 등의 개인정보 요구를 금지한다.

관련 법조문

채용절차법 제4조의3(출신지역 등 개인정보 요구 금지)

구인자는 구직자에 대하여 그 직무의 수행에 필요하지 아니한 다음 각 호의 정보를 기초심사자료에 기재하도록 요구하거나 입증자료로 수집하여서는 아니 된다.

1. 구직자 본인의 용모·키·체중 등 신체적 조건
2. 구직자 본인의 출신지역·혼인여부·재산
3. 구직자 본인의 직계 존비속 및 형제자매의 학력·직업·재산

첫째, 회사는 구직자 본인의 신체적 조건 정보를 기초심사자료에 기재하도록 요구하거나 입증자료로 수집하지 못한다. '신체적 조건'이라 함은 '키, 몸무게, 체형, 외모, 인상, 모반, 흉터 등'과 같은 신체적 특징을 말한다. 그렇다면 회사는 구직자의 증명사진을 요구할 수 있을까? 사진 부착은 수집이 금지되는 정보에서 제외되었으므로 회사는 구직자의 동일성 확인을 위해 기초심사자료로 요구하거나 입증자료로 수집할 수 있다.

둘째, 회사는 구직자 본인의 출신지역·혼인여부·재산 정보를 요구할 수 없다.

---

20) 취업정보 사이트 인크루트가 2019년 11월 12일부터 나흘간 931명을 대상으로 진행한 설문조사 결과이다.

'출신지역'은 사회통념상 일반적으로 출신지역을 의미하는 정보를 말한다. 현 거주지 주소, 주민등록상 주소 등은 포함되지 않는다. '출신학교'도 출신지역에 포함되지 않는다.

회사는 구직자 본인의 '재산 정보'도 요구할 수 없다. '재산 정보'에는 규모와 상관없이 유형자산(현금, 동산, 부동산 등)과 무형자산(저작권, 특허권 등) 모두를 포함한다. 자산에 포함되는 '부채'도 원칙적으로 수집금지 대상이나 직무수행을 위해 반드시 필요한 경우에는 예외적으로 수집이 허용될 수 있다.

셋째, 회사는 구직자 본인의 부모, 조부모 등 직계존속과 자녀, 손자녀 등 직계비속, 그리고 형제자매의 학력·직업·재산에 대한 정보를 기초심사자료에 기재하도록 요구하거나 입증자료로 수집할 수 없다. 구직자 본인이 입양되었다면 양부모에 대한 정보수집이 금지되고, 구직자 본인이 아이를 입양하였다면 입양한 자녀에 대한 정보 수집도 금지된다. 만일 혈족관계가 형성되지 않은 인척의 경우 법에서 말하는 직계존비속의 범위에 포함되지 않아 원칙적으로 수집 금지 대상이 되는 정보에 해당하지 않는다.

채용절차법 제4조의3을 위반하여 직무 수행에 필요하지 않은 개인정보를 기초심사자료에 기재하도록 요구하거나 입증자료로 수집한 회사에게는 5백만원 이하의 과태료가 부과된다.

3-8 [채용서류 작성, 제출 시 유의할 점]
- 표준화된 입사응시원서 양식을 사용하자.

관련 법조문

채용절차법 제5조(기초심사자료 표준양식의 사용 권장)
고용노동부장관은 기초심사자료의 표준 양식을 정하여 구인자에게 그 사용을 권장할 수 있다.

구직자가 회사에게 자신을 적극적으로 어필하기 위해서는 입사응시원서, 이력서 및 자기소개서를 직접 작성해야 한다. 반드시 적어야 할 내용인 필수적인 요소는 간소화하여 구직자의 부담을 완화하고, 개인정보도 최대한 보호해야 한다. 채용절차법에 담겨있는 기초심사자료의 표준 양식에는 회사가 채용심사기준으로 삼는 여러 가지 요소(구직자의 인적사항, 우대사항, 경력·이력·경험·성과·실적, 기술·자격, 인성 등)를 기재할 수 있다. 채용절차법에 담겨있는 기초심사자료 표준양식은 권장양식이며, 회사가 희망하는 채용기준에 따라 산업별·기업별·직종별로 수정·보완하여 자율적으로 사용할 수 있다. 다음의 기초심사자료 표준양식은 고용노동부의 권장양식이다.[21)]

21) 고용노동부, "채용절차의 공정화에 관한 법률 업무 매뉴얼", 2019년 7월, 65면~71면.
표준이력서(안) 및 자기소개서 작성 시 직무수행과 관련 없는 본인의 용모·키·체중 등 신체적 조건, 출신지역·혼인여부·재산, 본인의 직계존비속 및 형제자매의 학력·직업·재산 정보를 기재하지 않도록 유의해야 한다.

표준 이력서(안) 및 자기소개서

표준 이력서(안) 및 자기소개서

<필수항목>

항목			
지원자 성명			
주소 (우편번호) (현거주지)			
연락처	전화번호	전화	휴대전화
	전자우편		

	회사명	담당 업무(직무내용)	근무기간(연, 월)
주요 경력사항			년 월 ~ 년 월
			년 월 ~ 년 월

자격증 및 특기사항	관련 자격증			(년 월 취득)	
				(년 월 취득)	
자기소개 등 활동사항					

취업지원 대상자 여부	보훈번호		
장애인 여부	장애종별	장애 정도	장애인 등록번호
저소득층 여부	구분	「국민기초생활보장법」상 수급자	「한부모가족지원법」상 보호대상자
	해당여부		

※ 해당직종에 맞는 **특기, 행위, 연구실적, 특허 등 항목을 마련**하고 표준이력서(안) 및 자기소개서 작성 시 직무수행과 관련 없는 **본인의 용모·키·체중 등 신체적 조건, 출신지역·혼인여부·재산, 본인의 직계존비속 및 형제자매의 학력·직업·재산** 정보를 기재하지 않도록 유의

3-9 [채용서류 작성, 제출 시 유의할 점]
- 채용서류는 전자우편으로 받도록 노력한다.

> 관련 법조문
>
> **채용절차법 제7조(전자우편 등을 통한 채용서류의 접수)**
>
> ① 구인자는 구직자의 채용서류를 사업장 또는 구인자로부터 위탁받아 채용업무에 종사하는 자의 홈페이지 또는 전자우편으로 받도록 노력하여야 한다.

회사는 채용절차와 관계없는 구직자의 개인정보를 과도하게 요구하지 않아야 한다. 채용절차법은 채용 접수 시 전자적 방법(홈페이지, 전자우편 등)의 활용을 권고하고 있다.

회사는 구직자가 채용서류를 전자적 방법으로 제출하게 하는 경우, 자세한 제출 방법과 입력항목을 미리 확인할 수 있도록 지원서 양식을 파일에 첨부하거나, 입력화면을 미리 보여주어 구직자에게 편의를 제공해야 한다. 전자적 방법의 채용서류 접수는 효율적인 채용 관리·운영의 효과와 사회적·경제적 비용 절감의 효과를 기대할 수 있다.

3-10 [채용서류 작성, 제출 시 유의할 점]
- 서류심사 합격자에 한하여 입증자료·심층심사자료를 제출토록 한다.

많은 회사에서는 채용 시 서류심사, 필기시험 및 면접시험을 단계적으로 진행한다. 채용절차법에 따르면 서류심사에 합격한 구직자에 한정하여 입증자료와 심층심사자료를 제출하게 하도록 권고하고 있다.

> **관련 법조문**
>
> **채용절차법 제13조(입증자료·심층심사자료의 제출 제한)**
>
> 구인자는 채용시험을 서류심사와 필기·면접 시험 등으로 구분하여 실시하는 서류심사에 합격한 구인자에 한정하여 입증자료 및 심층심사자료를 제출하게 하도록 노력하여야 한다.

구직자가 채용서류를 준비하는 과정에서 입증자료나 심층심사자료 준비 시 많은 비용이 발생된다. 법은 서류심사에 합격하지 않은 구직자에게는 입증자료나 심층심사자료를 제출하지 않도록 하여 서류준비를 위한 비용을 줄이고, 단계별 채용과정에서 탈락한 구직자가 채용서류 반환을 청구하는 상황을 사전에 예방한다.

3-11 [채용 단계별 고지할 점]
- 채용서류 접수 시 접수사실을 고지해야 한다.

채용서류를 제출한 구직자는 채용광고대로 제출하였지만 정상적으로 접수가 되었는지 무척이나 궁금하다. 구직자가 회사에게 연락하여 확인하기도 쉽지 않다. 채용절차법에 따르면 회사는 적극적으로 접수 사실을 알려 구직자의 권익을 보호해야 한다.

관련 법조문

채용절차법 제7조(전자우편 등을 통한 채용서류의 접수)

② 구인자는 채용서류를 전자우편 등으로 받은 경우에는 지체 없이 구직자에게 접수된 사실을 제1항에 따른 홈페이지 게시, 휴대전화에 의한 문자전송, 전자우편, 팩스, 전화 등으로 알려야 한다.

첫째, 채용절차법의 취지로 볼 때, 고지 대상은 회사가 구직자로부터 채용서류를 접수받은 모든 경우이다. 홈페이지와 전자우편 등의 온라인 방식과 우편접수, 직접 접수 등의 오프라인 방식 모두가 고지 대상이 된다.

둘째, 회사는 구직자로부터 채용서류를 접수 받은 경우 '지체 없이' 접수 사실을 알려야 한다. 회사의 사업장 규모, 채용 규모, 채용서류 접수 기간, 고지 방법 등에 따라 차이가 있지만, 사정이 허락하는 한 신속하게 처리해야 한다.

셋째, 고지방법은 회사의 사정에 맞는 다양한 방법으로 전형을 진행할 수 있다. 홈페이지에 집단으로 고지하는 방식, 비밀번호 설정 후 본인만 접수여부를 확인하는 방식, 휴대전화를 통한 문자전송 방식, 전자우편, 팩스 및 전화통화 방식이 있다.

3-12 [채용 단계별 고지할 점]
- 채용일정과 채용과정을 고지한다.

채용절차법에 따르면 회사는 구직자의 알권리 보호를 위해 채용일정, 채용과정의 변경사항을 사전에 알려야 한다. 또한, 당초 채용일정과 달리 채용일정이 변경된 경우에도 구직자의 권익 보호를 위해 구직자에게 알려야 한다.

관련 법조문

채용절차법 제8조(채용일정 및 채용과정의 고지)
구인자는 구직자에게 채용일정, 채용심사 지연의 사실, 채용과정의 변경 등 채용과정을 알려야 한다. 이 경우 고지방법은 제7조제2항을 준용한다.

본 규정에는 '고지 시점'이 규정되어 있지 않지만, 법의 취지를 반영하여 채용광고 시점에서 전체 채용일정을 알려 구직자가 취업일정 등을 알 수 있도록 하는 방식이 바람직하다. 만일 채용광고 시점에 전체 일정이 확정되지 않은 경우 전형단계마다 알릴 수도 있다. 채용일정이나 채용과정이 변경되는 경우에는 그 변경시점마다 알려야 한다.

○○건설㈜ 신입사원 채용일정 공고

원서접수	• 2021. 8. 23(월) 09:00 ~ 2021. 8. 27(금) 16:00
서류전형	• 2021. 9. 12(일)
서류전형 합격자 발표	• 2021. 9. 27(월)
면접전형 공고	• 2021. 10. 1(금)
면접시험	• 2021. 10월 중 (예정)
최종합격자 발표	• 2021. 11월 첫째주 중 (예정)

3-13 [채용 단계별 고지할 점]
- 채용 여부를 고지해야 한다.

구직자는 자신의 채용 합격 여부가 궁금하다. 확답을 받아야 이후의 취업활동의 방향을 잡을 수 있기 때문이다. 채용절차법에 따르면 회사는 채용대상자를 확정한 경우 지체 없이 채용 여부를 알려야 한다.

관련 법조문

채용절차법 제10조(채용 여부의 고지)

구인자는 채용대상자를 확정한 경우에는 지체 없이 구직자에게 채용 여부를 알려야 한다. 이 경우 고지방법은 제7조제2항을 준용한다.

첫째, 합격자뿐만 아니라 다수의 불합격자에게도 결과를 신속하게 알려야 한다. 고지방법은 해당 사업장에 적합한 방식으로 선택할 수 있다. 홈페이지 게시방식(또는 개인확인을 통한 채용여부 확인) 등으로 합격자 명단을 고지할 경우에는 합격자와 불합격자 모두가 합격 여부를 확인할 수 있다. 합격자 대상 전화 통화, 불합격자 대상 휴대전화 문자전송 또는 전자우편 등의 방법도 선택할 수 있다.

둘째, 회사는 '채용대상자를 확정한 경우에는 지체 없이' 구직자에게 채용 여부를 알려야 한다. 여기서 '지체 없이'란 사정이 허락하는 한 가장 신속하게 처리해야 하는 기간을 의미한다.

3-14 [채용 단계별 고지할 점]
- 채용서류 반환 관련 사항을 고지해야 한다.

회사는 채용 여부가 확정되기 전까지 채용서류의 반환 등에 관한 사항을 구직자에게 알려야 한다. 고지대상인 '채용서류의 반환 등에 관한 사항'은 채용서류의 반환·보관·파기·비용 등에 관한 사항을 말한다.

관련 법조문

채용절차법 제11조(채용서류의 반환)

⑥ 구인자는 제1항부터 제5항까지의 규정을 채용 여부가 확정되기 전까지 구직자에게 알려야 한다.

3-15 [채용심사비용 부담 금지]

- 채용심사비용을 부담시키지 못한다.

채용절차법에 따르면 회사는 채용심사를 위해 구직자에게 채용서류 제출 비용 외에 '채용심사비용'을 부담시키지 못한다. 단, 사업장 및 직종의 특수성을 반영하여 불가피한 사정이 있는 경우 고용노동부장관의 승인을 받아 구직자에게 '채용심사비용'의 일부를 부담토록 할 수 있다.

관련 법조문

채용절차법 제9조(채용심사비용의 부담금지)

구인자는 채용심사를 목적으로 구직자에게 채용서류 제출에 드는 비용 이외의 일체의 금전적 비용(이하 "채용심사비용"이라고 한다)을 부담시키지 못한다. 다만, 사업장 및 직종의 특수성으로 인하여 불가피한 사정이 있는 경우 고용노동부장관의 승인을 받아 구직자에게 채용심사비용의 일부를 부담하게 할 수 있다.

채용절차법 시행규칙 제2조(채용심사비용 승인신청)

① 구인자는 「채용절차의 공정화에 관한 법률」(이하 "법"이라 한다) 제9조 단서에 따라 구직자에게 채용심사비용 일부를 부담하게 하려는 경우 별지 제1호 서식의 채용심사비용 승인신청서에 다음 각 호의 서류를 첨부하여 관할 지방고용노동관서의 장에게 제출하여야 한다.

1. 채용심사비용 산정내역서
2. 채용(예정) 공고문

② 관할 지방고용노동관서의 장은 제1항에 따른 신청에 대하여 승인할 경우에는 별지 제2호 서식의 채용심사비용승인서를 내주어야 한다.

01. '채용심사비용'이란 무엇일까?

채용과 관련하여 채용준비 비용, 채용광고 비용, 채용적격 여부 심사비용 등 회사 부담의 직간접적으로 발생되는 일체의 비용을 말한다.

채용담당자 인건비, 외부면접관 인건비, 채용광고료, 통신비, 채용사이트 구축 및 유지비용, 면접비, 필기 및 실기시험 제반 비용, 채용대행업체 또는 헤드헌팅 업체 수수료 등이 해당된다. 이에 대해 '비용의 수익자부담원칙'에 따라 자신이 구하는 인재를 채용하는 회사가 비용을 부담하는 것이 원칙이다.

02. '채용서류 제출에 드는 비용'이란 무엇일까?

채용심사비용에서 '채용서류 제출에 드는 비용'은 제외된다. '채용서류 제출에 드는 비용'은 '채용서류준비비용'과 '채용서류제출비용'으로 나뉜다.

채용서류 제출에 드는 비용

채용서류준비비용

- 회사가 채용서류 접수 전 구직자가 채용서류 준비 (각종 서류의 발급수수료 등 채용서류 작성, 채용서류 발급 시 발생되는 일체의 비용 등)에 소요되는 비용
- (예시) 증명사진 촬영비, 증명서 (졸업증명서, 성적증명서 등) 발급수수료, 포트폴리오 제작비, 제본비, 각종 자료의 출력 · 복사 · 스캔 등 비용

+

채용서류제출비용

- (출력물 형태의 채용서류를 제출하는 경우) 구직자가 채용서류를 회사에게 제출하는데 드는 일체의 비용
- (예시) (오프라인 제출 시) 왕복교통비, 우편요금, 택배요금, 퀵서비스요금 등 (온라인 제출 시) 인터넷 사용 요금 등

03. '채용심사비용'의 일부를 예외적으로 구직자에게 부담토록 하는 경우

'채용심사비용'은 회사가 전부 부담하는 것이 원칙이다. 하지만, '사업 및 직종의 특수성으로 인하여 불가피한 사정이 있어 고용노동부장관의 승인을 받은 경

우'에는 예외적으로 구직자에게 비용의 일부를 부담시킬 수 있다.

'사업장 및 직종의 특수성으로 인하여 불가피한 사정이 있는 경우'란 어떤 경우일까? 사업장의 특성 및 채용 직종이 특수하여 사회통념상 구직자가 채용심사비용의 일부를 부담하는 것이 타당하다고 판단되는 경우를 의미한다. 단, 채용절차법의 취지 상 구직자에게 예외적으로 비용을 부담시켜도 되는지 여부, 부담의 범위는 엄격하게 판단해야 한다.

구직자의 채용심사비용 일부부담 여부 판단 시 고려사항

- 당해 채용에 있어 채용심사비용의 총금액 및 그 용도별 내역
- 해당 사업장의 특수성이나 직종의 특수성을 고려할 때
  채용심사비용을 구직자의 이익 등을 감안하여 구직자가 부담해야 하는 이유 및 목적
  (예) 병원 인턴 또는 레지던트 채용 시 의료 견습 목적이 있는 경우 등
- 채용심사비용의 일부를 회사가 부담하지 않아야 하는 타당성 및 합리성 유무
- 실제로 구직자가 부담해야 할 금액과 그 부담 정도
  (총금액 대비 부담금액의 비율)
- 전형(시험)유형 및 단계
- 회사와 구직자간의 형평성
- 기타 구직자가 부담하여야 할 필요성

고용노동부장관의 승인 신청을 하기 위해서는 채용절차법 시행규칙 제2조제1항에 따라, 「별지 제1호서식의 채용심사비용 승인신청서」에 '채용심사비용 산정 내역서' 및 '채용(예정) 공고문'을 첨부하여 관할 지방고용노동관서의 장에게 제출해야 한다. 이에 대해 승인할 경우 지방고용노동관서의 장은 「별지 제2호서식의 채용심사비용 승인서」를 발급한다. 다음의 작성양식은 채용절차법 시행규칙상 별지서식에 담긴 '채용심사비용 승인 신청서'와 '채용심사비용 승인서' 양식[22]이다.

22) 채용절차의 공정화에 관한 법률 시행규칙 [별지 제1호서식] '채용심사비용 승인 신청서', [별지 제2호서식] '채용심사비용 승인서'를 담았다.

채용절차의 공정화에 관한 법률 시행규칙 [별지 제1호서식]

채용심사비용 승인 신청서

※ [ ]에는 해당되는 곳에 √ 표시를 합니다.

접수번호	접수일	처리기간 7일

신청인	사업장명	
	대표자 성명	생년월일
	소재지 (전화번호 :)	

신청내용	채용예정인원	명	상시근로자수	명
	채용심사내용			
	채용심사기간			
	채용심사비용	원	구직자 부담금액	원

심사비용 청구 사유(구체적으로 적으시기 바랍니다.)

「채용절차의 공정화에 관한 법률」 제9조제2항과 같은 법 시행규칙 제2조제1항에 따라 위와 같이 채용심사비용 승인을 신청합니다.

년 월 일

신청인 (서명 또는 인)

대리인 (서명 또는 인)

OO지방고용노동청(지청)장 귀하

첨부서류	1. 채용사비용 산정 내역서 1부. 2. 채용(예정)공고문 1부.	수수료 없음

처 리 절 차

신청서 제출	→	접 수	→	내용검토	→	결 재	→	통 보
신청인		지방고용노동청(지청)장 (민원실)		지방고용노동청(지청)장 (고용센터)		지방고용노동청(지청)장 (청장 · 지청장)		

210mm×297mm[일반용지 60g/㎡(재활용품)]

채용절차의 공정화에 관한 법률 시행규칙 [별지 제2호서식]

제　　　호

채용심사비용 승인서

사업장명			
대표자 성명		생년월일	
소재지 (전화번호 :　　　　)			
채용심사내용			
채용심사기간　년　월　일부터　년　월　일까지 (　일)			
채용심사비용	원	구직자 부담금액	원

「채용절차의 공정화에 관한 법률」 제9조제2항과 같은 법 시행규칙 제2조제2항에 따라 위와 같이 채용심사비용을 승인합니다.

년　　월　　일

○○지방고용노동청(지청)장　직인

210mm×297mm(백상지 80g/㎡)

3-16 [채용서류 반환]
- 채용서류는 구직자에게 반환한다.

채용전형 마무리 이후 채용서류는 이를 준비하고 제출한 구직자와 접수받은 회사 모두에게 부담이 된다. 과거 회사는 검토를 마친 채용서류를 단순한 폐기물로 생각했고, 구직자들은 자신이 제출한 채용서류를 반환 받기가 쉽지 않았다. 채용절차법에 따르면 구직자가 채용서류 반환을 원하는 경우 채용서류를 되돌려 받을 수 있다. 이를 통해 구직자의 개인정보가 보호되고, 채용서류 재활용 등 구직비용이 절감되며 구직자의 부담이 줄게 되었다.

관련 법조문

채용절차법 제11조(채용서류의 반환 등)

① 구인자는 구직자의 채용 여부가 확정된 이후 구직자(확정된 채용대상자는 제외한다)가 채용서류의 반환을 청구하는 경우에는 본인임을 확인한 후 대통령령으로 정하는 바에 따라 반환하여야 한다. 다만, 제7조제1항에 따라 홈페이지 또는 전자우편으로 제출된 경우나 구직자가 구인자의 요구 없이 자발적으로 제출한 경우에는 그러하지 아니하다.

② 제1항에 따른 구직자의 채용서류 반환 청구는 서면 또는 전자적 방법 등 고용노동부령으로 정하는 바에 따라 하여야 한다.

③ 구인자는 제1항에 따른 구직자의 반환 청구에 대비하여 대통령령으로 정하는 기간 동안 채용서류를 보관하여야 한다. 다만, 천재지변이나 그 밖에 구인자에게 책임 없는 사유로 채용서류가 멸실된 경우 구인자는 제1항에 따른 채용서류의 반환 의무를 이행한 것으로 본다.

④ 구인자는 대통령령으로 정한 반환의 청구기간이 지난 경우 및 채용서류를 반환하지 아니한 경우에는 「개인정보 보호법」에 따라 채용서류를 파기하여야 한다.

⑤ 제1항에 따른 채용서류의 반환에 소요되는 비용은 원칙적으로 구인자가 부담한다. 다만, 구인자는 대통령령으로 정하는 범위에서 채용서류의 반환에 소요되는 비용을 구직자에게 부담하게 할 수 있다.

⑥ 구인자는 제1항부터 제5항까지의 규정을 채용 여부가 확정되기 전까지 구직자에게 알려야 한다.

채용절차법 시행령 제2조(채용서류의 반환 이행기간 등)

① 「채용절차법」 제11조제1항 본문에 따라 구직자로부터 채용서류의 반환청구를 받은 구인자는 구직자가 반환 청구한 날부터 14일 이내에 구직자에게 해당 채용서류를 발송하거나 전달하여야 한다.

② 구인자가 제1항에 따라 채용서류를 반환하는 때에는 해당 채용서류를 「우편법」 제14조제2항제3호 또는 제15조제2항제3호에 따른 특수취급우편(이하 "특수취급우편물"이라 한다)을 이용하여야 한다. 다만, 구직자가 원하는 경우에는 구직자와 합의하는 방법으로 전달할 수 있다.

③ 제2항에 따라 채용서류를 특수취급우편물로 반환하는 경우 채용서류의 반환장소는 채용서류에 기재된 구직자의 주소지로 한다. 다만, 구직자가 제1항에 따라 채용서류의 반환을 청구할 때 반환장소를 지정한 경우에는 그 장소로 한다.

채용절차법 시행령 제3조(채용서류의 보관기간)

법 제11조제3항 본문에서 "대통령령으로 정하는 기간"이란 다음 각 호의 기간을 말한다.

1. 구직자가 법 제11조제1항 본문에 따라 채용서류의 반환을 청구한 경우가 아닌 경우 : 제4조에 따른 구직자의 반환 청구기간
2. 구직자가 법 제11조제1항 본문에 따라 채용서류의 반환을 청구한 경우 : 구인자가 제2조제1항에 따라 특수취급우편물을 발송하거나 전달한 시점까지의 기간

채용절차법 시행령 제4조(채용서류의 반환 청구기간)

법 제11조제4항에 따른 채용서류의 반환 청구기간은 구직자의 채용 여부가 확정된 날 이후 14일부터 180일까지의 기간 범위에서 구인자가 정한 기간으로 한다. 이 경우 구인자는 채용 여부가 확정되기 전까지 구인자가 정한 채용서류의 반환 청구기간을 구직자에게 알려야 한다.

채용절차법 시행령 제5조(채용서류 반환의 비용부담)

① 법 제11조제5항 단서에서 "대통령으로 정하는 범위"란 채용서류를 특수취급우편물로 송달하는 경우에 드는 「우편법 시행령」 제12조에 따른 우편에 관한 요금 및 우편이용에 관한 수수료를 말한다.

② 구인자가 법 제11조제5항 단서에 따라 채용서류의 반환에 소요되는 비용을 구직자에게 부담하게 하려는 경우에는 채용 여부가 확정되기 전까지 구직자에게 채

용서류를 반환에 필요한 비용을 입금할 수 있는 금융기관의 계좌를 지정하여 통지하여야 한다. 다만, 구직자의 신청에 따라 「우편법 시행령」 제29조에 따른 수취인 부담으로 발송하는 경우에는 그러하지 아니하다.

채용서류 반환에 관한 핵심 내용은 다음과 같다.

채용서류의 반환 Key Point

- 회사는 구직자의 채용 여부 확정 이후 일정기간 채용서류를 보관함
- 구직자 (확정된 채용대상자 제외)가 채용서류의 반환을 청구하는 경우 본인임을 확인한 후 반환하여야 함
- 예외적인 채용서류 반환의무 제외 대상
  – 채용서류가 홈페이지 또는 전자우편으로 제출된 경우
  – 구직자가 회사의 요구 없이 자발적으로 제출한 경우
- 채용서류 반환 소용 비용은 원칙적으로 회사가 부담함
  단, 채용절차법 시행령이 정하는 범위에서 채용서류 반환 소요비용은 예외적으로 구직자에게 부담할 수 있음
- 회사가 「개인정보 보호법」에 따라 채용서류를 파기해야 하는 경우
  – 반환청구기간이 지난 경우
  – 채용서류를 반환하지 아니한 경우
- 채용절차법에 명시된 '채용서류의 반환'에 관한 규정을 채용여부 확정 전까지 구직자에게 알리도록 하여 구직자의 권익을 보호해야 함

3-17 [채용서류 반환]
- 구직자는 채용서류 반환을 청구할 수 있다.

자신의 채용 여부를 확인한 구직자는 다른 일자리에 문을 두드려야 하고, 이를 위해서는 채용서류를 되돌려 받아야 시간과 비용을 절약할 수 있다. 구직자는 채용 여부가 확정된 이후 서면 또는 전자적 방법 등 고용노동부령으로 정하는 방법으로 채용서류 반환을 청구할 수 있다.

01. 반환을 청구할 수 있는 '채용서류'는 무엇일까?

구직자가 자신의 채용을 위하여 회사에게 제출한 모든 서류·자료·물건 등이 해당된다. 기초심사자료, 입증자료, 심층심사자료 등이 반환의무 대상이다.

단, 구직자가 반환을 청구할 수도, 구직자의 반환청구에 대해 회사가 반환할 의무가 없는 경우도 있다. '홈페이지 또는 전자우편으로 제출된 경우'와 '구직자가 회사의 요구 없이 자발적으로 제출한 경우'이다. 이와 같이 반환 청구가 불가한 경우 「개인정보 보호법」에 따라 채용서류를 파기해야 한다.

채용서류 반환 여부

반환의무 대상

- 구직자가 채용을 위해 회사에게 제출한 모든 서류 · 자료 · 물건 (기초심사자료, 입증자료, 심층심사자료)

반환청구 불가 대상

- 홈페이지 또는 전자우편으로 제출된 채용서류
- 구직자가 회사의 요구 없이 자발적으로 제출한 채용서류

02. 누가 채용서류 반환을 청구할 수 있을까?

첫째, '회사의 채용에 응모하여 채용서류를 제출한 구직자 본인'이 채용서류의 반환을 청구할 수 있다. 단, 채용서류를 제출한 구직자 중 '채용대상자로 확정된 자'는 채용서류 반환을 청구할 수 없다.

둘째, 부득이한 사유로 구직자 본인이 채용서류 반환을 청구할 수 없는 경우 또는 구직자가 필요하다고 판단하는 경우 대리인이 채용서류 반환을 청구할 수 있다. '부득이한 사유'란 '천재지변, 군 입대 장기요양, 해외이민, 해외유학 등'이 해당된다.

선임 가능한 대리인은 ① 구직자의 배우자, 직계존속, 직계비속 또는 형제자매, ② 변호사, 공인노무사, ③ 기타 다른 법률에 따라 대리할 수 있는 자 등이다. 위임사실과 범위 등을 구직자 본인 직접 또는 대리인을 통하여 위임장 등으로 회사에게 증명해야 한다.

다음의 작성양식은 채용절차법 시행규칙상 별지서식에 담긴 '채용서류 반환 청구서' 양식이다.[23)]

---

23) 채용절차의 공정화에 관한 법률 시행규칙 [별지 제3호서식] '채용서류 반환 청구서' 참조.

채용절차의 공정화에 관한 법률 시행규칙 [별지 제3호서식]

채용서류 반환 청구서

접수번호		접수일
청 구 인	성명	수험번호
주 소		
반환장소 (주소와 다른 경우 기재)		
반환 요구 서류		

「채용절차의 공정화에 관한 법률」 제11조 및 같은 법 시행령 제2조, 제3조, 제4조에 따라 위와 같이 채용서류의 반환을 청구합니다.

년 월 일

신청인 (서명 또는 인)

oo 사업장 귀하

공지사항

1. 「채용절차의 공정화에 관한 법률 시행령」 제3조에 따라 신청인은 채용서류의 반환을 요청한 이후 10일 이내에 해당 사업장으로부터 반환요구서류를 전달받을 수 있습니다.
2. 「채용절차의 공정화에 관한 법률 시행령」 제4조에 따라 반환요구서류는 특수취급우편물을 통해서 전달받거나, 사업장으로부터 직접 전달받을 수 있습니다.
3. 「채용절차의 공정화에 관한 법률」 제11조 제5항 및 같은 법 시행령 제6조에 따라 채용서류의 반환에 드는 비용을 신청인이 부담할 수 있습니다.

03. 채용서류 반환을 청구할 수 있는 기간은 언제까지인가? (채용절차법 시행령 제4조)

회사가 채용 여부 확정되기 전까지 구직자에게 통보해야 할 사항이 있다. "채용 여부가 확정된 날부터 14일에서 180일 사이의 기간 중에 구직자가 채용서류의 반환을 청구할 수 있는 기간"을 통보해야 한다. 다시 말해, 채용 여부가 확정되었다 하더라도 구직자는 회사에게 채용서류 반환을 아무 때나 청구할 수 없다. "채용 여부가 확정된 날부터 14일 이후로 하여 회사가 정한 기간"에만 청구가 가능하다.

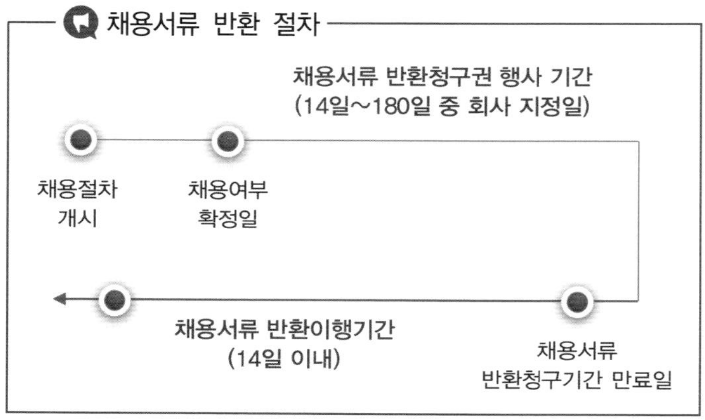

채용절차법 제10조에 따라 회사는 채용합격 또는 채용불합격 여부를 사전에 알려야 한다. 회사가 채용대상자를 확정한 날이 여기서 말하는 "채용 여부가 확정된 날"이다.

"채용서류의 반환을 청구할 수 있는 기간"을 기산할 때에는 「민법」에서 정한 규정에 따라야 한다.

민법상 '기간의 계산' 기준

기간의 기산점 (민법 제157조)	• 기간을 일, 주, 월, 연으로 정한 경우 기간 초일은 포함하지 않고 다음날부터 시작한다. (예컨대, '채용확정일인 10월 1일부터 14일'의 경우 10월 2일부터 14일을 계산한다. • 단, 기간이 오전 영시부터 시작하는 경우에는 초일부터 시작한다.
기간의 만료점 (민법 제159조)	• 기간을 일, 주, 월, 연으로 정한 경우 기간말일의 종료로 기간이 만료된다.
공휴일 등 (민법 제161조)	• 기간의 말일이 토요일 또는 공휴일에 해당하는 때에는 기간은 그 다음날로 만료한다.

04. 회사는 채용서류를 언제까지 반환해야 할까?

구직자로부터 채용서류 반환청구를 받은 회사는 구직자가 "반환청구를 한 날부터 14일 이내"에 구직자에게 반환대상 채용서류를 전달하여야 한다. "반환청구를 한 날부터 14일 이내"는 어떻게 계산을 할까?

민법 제111조에는 '의사표시의 효력발생시기'가 명시되어 있는 바, 상대방이 있는 의사표시는 상대방에게 도달한 때에 그 효력이 생긴다. 그러므로 "반환청구를 한 날부터 14일 이내"를 산정할 때에는 "구직자가 반환청구를 한 날"(채용서류 반환청구서를 제출한 날)의 다음날부터 기산을 하지 않고, 상대방에게 의사표시가 도달한 날인 "회사가 반환청구를 확인한 날(채용서류 반환청구서를 수령한 날)"의 다음날부터 기산을 한다.

민법상 '의사표시의 효력발생시기' 기준

의사표시의 효력발생시기 (민법 제111조)	• 상대방이 있는 의사표시는 상대방에게 도달한 때에 효력 생긴다. • 의사표시자가 그 통지를 발송한 후 사망하거나 제한능력자가 되어도 의사표시의 효력에 영향을 미치지 않는다.
기간의 기산점 (민법 제157조)	• 기간을 일, 주, 월, 연으로 정한 경우 기간 초일은 포함하지 않고 다음날부터 시작한다. (예컨대, '채용확정일인 10월 1일부터 14일'의 경우 10월 2일부터 14일을 계산한다.) • 단, 기간이 오전 영시부터 시작하는 경우에는 초일부터 시작한다.

예컨대, 구직자가 2021년 3월 8일 전자우편으로 「채용서류 반환청구서」를 제출하여 회사가 2021년 3월 9일의 확인한 사례의 경우, "회사가 반환청구를 확인한 날(채용서류 반환청구서를 수령한 날)" 다음날인 2021년 3월 10일부터 14일(2021년 3월 23일)까지 반환해야 한다.

"반환청구를 한 날부터 14일 이내에 구직자에게 반환대상 채용서류를 전달"해야 한다는 의미는 무엇일까? 14일 이내에 구직자가 채용서류를 받는 것이 아니라, 회사가 채용서류를 발송하는 날이 반환청구를 한 날부터 14일 이내면 가능하다. 우편을 통하여 전달하는 경우에는 우편 소인이 찍힌 날이 기준이다.

05. 회사는 채용서류를 어디로, 어떻게 반환해야 할까?

채용서류의 반환 장소는 '구직자가 소재하는 주소지'가 원칙이다. 하지만, 구직자가 특별히 원하는 장소가 있는 경우에는 그 장소로 반환해야 한다.

회사는 반환대상 채용서류를 등기 우편[24]을 통해 전달하거나 회사와 구직자가

24) 회사는 반환대상인 채용서류를 '「우편법」 제14조제2항제3호 또는 제15조제2항제3호에 따른 특수취급우편물을 통하여 전달'하거나 회사가 구직자가 합의하는 방법으로 전달할 수 있다.(채용

합의하는 방법으로 전달할 수 있다. '등기 우편' 방식으로 전달하는 이유는 전달 시 취급과정을 명확히 기록하여 채용서류 분실 없이 정확하게 구직자에게 도달시키려는 의도이다.

06. 채용서류 반환 소요비용은 누가 부담할까?(반환 소요비용)

채용서류의 반환에 소요되는 비용은 회사 부담이 원칙이다. 다만, 회사는 대통령령으로 정하는 범위에서 채용서류의 반환에 소요되는 비용을 구직자에게 부담하게 할 수 있다.[25](채용절차법 제11조제5항 및 시행령 제5조)

회사는 채용서류 반환 소요비용을 구직자에게 부담하게 하는 경우에는 채용 여부가 확정되기 전까지 구직자에게 사업장 명의(또는 사업장 대표자 명의)의 금융기관 계좌번호를 지정하여 통지해야 한다.(채용절차법 시행령 제5조제2항)

단, 특수취급우편물을 수취인 부담[26]으로 발송하는 경우에는 해당되지 않는다.(채용절차법 시행령 제5조제2항 단서)

절차법 시행령 제2조제2항) 이는 통상 우편물이나 소포우편물로 보내되 등기취급을 하여 우편물의 기록취급을 하는 특수 취급우편물을 말하는 것이다.

25) 회사가 채용서류 반환 소요비용을 구직자에게 부담하게 할 수 있는 범위는 '특수취급우편물 발송에 대해 「우편법」 제19조에 따라 정한 금액'이다.(채용절차법 시행령 제5조제1항) 이에 따라 과학기술정보통신부장관이 고시한 「국내 통상우편요금 및 우편이용에 관한 수수료」 및 「국내소포 우편요금 및 소포이용에 관한 수수료」에서 정한 금액이다.

26) 「우편법 시행령」 제29조

3-18 [채용서류 반환]
- 회사는 채용서류를 보관해야 한다.

구직자는 자신이 제출한 채용서류를 반환 받을 수 있다. 구직자의 채용서류 반환 청구에 대비하여 회사는 구직자의 채용서류를 보관해야 한다. 다만, '천재지변이나 그 밖에 구인자에게 책임 없는 사유로 채용서류가 없어진 경우' 회사는 채용서류 반환 의무를 다한 것으로 본다.

01. 회사는 채용서류를 언제까지 보관해야 하나?(채용서류 보관기간)

첫째, 구직자의 채용서류 반환 청구 시, 특수취급우편물(등기우편 등)을 통하여 전달하는 경우에는 채용서류를 첨부한 '특수취급우편물(등기우편)로 발송한 날'까지가 보관기간이 된다. 직접 전달한 경우에는 '구직자에게 전달한 날'까지가 보관기간이 된다.

둘째, 구직자가 채용서류의 반환을 청구하지 않은 경우, '구직자가 채용서류의 반환을 청구할 수 있는 기간'까지 보관해야 한다. 구직자가 채용서류 반환을 청구할 수 있는 기간으로 '채용 여부가 확정된 날부터 14일에서 180일 사이의 기간 중에 회사가 정하여 구직자에게 통보한 기간'을 말한다.

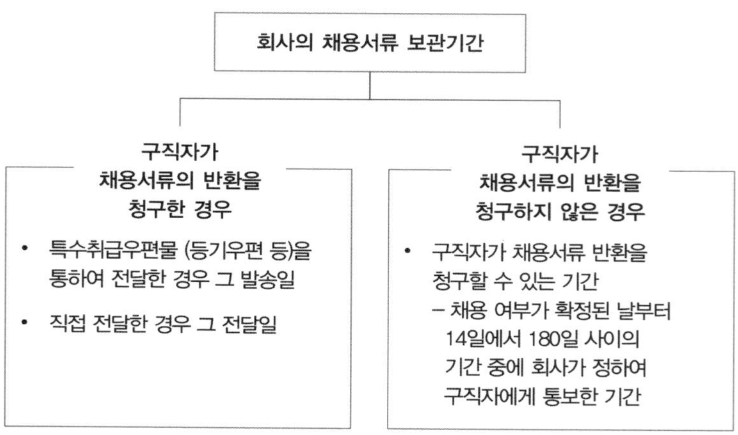

3-19 [채용서류 반환]
- 반환되지 않은 채용서류는 파기해야 한다.

채용서류에는 구직자의 다양한 개인정보가 담겨있다. 이를 보호하기 위해서는 구직자가 채용서류 반환을 청구할 수 있는 기간이 지났거나 채용서류를 반환하지 않은 경우 회사는 채용서류를 파기해야 한다. 파기 방법은 「개인정보 보호법」에 따라야 한다.

01. 어느 경우에 채용서류를 파기해야 하는가?

첫째, 구직자가 채용서류 반환의 청구기간 내에 청구를 하지 않아 반환의 청구기간이 지난 경우이다. "반환의 청구기간"은 회사가 채용 여부를 확정한 날부터 14일에서 180일 사이의 기간 중에 일정기간을 정하여 구직자에게 통보한 경우 그 기간을 의미한다.

둘째, 채용절차법 제11조제1항의 단서 규정에 따라 채용서류를 반환하지 아니한 경우이다. 홈페이지 또는 전자우편으로 제출된 경우나 구직자가 회사의 요구 없이 자발적으로 제출한 경우가 이에 해당된다.

02. 채용서류를 파기하는 경우 언제까지 파기해야 하는가?

채용절차법에는 언제까지 채용서류를 파기해야 한다는 규정은 없으나, 다음의 2가지 규정을 반영하여 파기기간을 판단해야 한다.

첫째, 「개인정보 보호법」 제21조제1항에 따르면 '개인정보처리자는 보유기간의 경과, 개인정보의 처리 목적 달성 등 그 개인정보가 불필요하게 되었을 때에는 지체 없이 그 개인정보를 파기'해야 한다.

둘째, '행정자치부·고용노동부 개인정보보호 가이드라인 [인사·노무분야]'에서는 「개인정보 보호법」상의 '지체 없이'를 "5일 이내"로 안내하고 있다.[27] 이상을 종합해 볼 때, 채용 여부가 확정된 경우 확정된 채용대상자를 제외한 구직자의 채용서류는 지체 없이(5일 이내) 파기해야 한다.

03. 채용서류를 파기하는 경우 어떤 방법으로 파기해야 하는가?

채용서류를 파기하는 경우에는 「개인정보 보호법」 제21조(개인정보의 파기), 「개인정보 보호법 시행령」 제16조(개인정보의 파기방법) 및 행정자치부에서 고시한 「개인정보의 안정성 확보조치 기준 고시[부록 2]」 제13조(개인정보의 파기)를 참고해야 한다.

관련 법조문

개인정보 보호법 제21조(개인정보의 파기)

① 개인정보처리자는 보유기간의 경과, 개인정보의 처리 목적 달성 등 그 개인정보가 불필요하게 되었을 때에는 지체 없이 그 개인정보를 파기하여야 한다. 다만, 다른 법령에 따라 보존하여야 하는 경우에는 그러하지 아니하다.

② 개인정보처리자가 제1항에 따라 개인정보를 파기할 때에는 복구 또는 재생되지 아니하도록 조치하여야 한다.

③ 개인정보처리자가 제1항 단서에 따라 개인정보를 파기하지 아니하고 보존하여야 하는 경우에는 해당 개인정보 또는 개인정보파일을 다른 개인정보와 분리하여서 저장·관리하여야 한다.

④ 개인정보의 파기방법 및 절차 등에 필요한 사항은 대통령령으로 정한다.

개인정보 보호법 시행령 제16조(개인정보의 파기방법)

① 개인정보처리자는 법 제21조에 따라 개인정보를 파기할 때에는 다음 각 호의 구분에 따른 방법으로 하여야 한다.

1. 전자적 파일 형태인 경우 : 복원이 불가능한 방법으로 영구 삭제

27) 행정자치부·고용노동부 개인정보보호 가이드라인 [인사·노무분야] - Ⅲ. 채용 준비 단계별 개인정보 처리요령 - 1. 채용 준비 단계 - 나. 채용전형 단계 - 〈채용전형 시 유의사항〉 - 4. 채용전형 종료 후 채용서류의 보관 및 파기 "온라인으로 채용서류를 받은 경우 - 반환 의무가 없는 온라인 채용서류는 채용 여부가 확정된 이후 지체 없이(5일 이내) 파기해야 함"

2. 제1호 외의 기록물, 인쇄물, 서면, 그 밖의 기록매체인 경우 : 파쇄 또는 소각

② 제1항에 따른 개인정보의 안전한 파기에 관한 세부 사항은 보호위원회가 정하여 고시한다.

개인정보의 안전성 확보조치 기준 고시(행정안전부 고시 제2017-1호)

제13조(개인정보의 파기)

① 개인정보처리자는 개인정보를 파기할 경우 다음 각 호 중 어느 하나의 조치를 하여야 한다.

1. 완전 파괴(소각, 파쇄 등)
2. 전용 소자장비를 이용하여 삭제
3. 데이터가 복원되지 않도록 초기화 또는 덮어쓰기 수행

② 개인정보처리자가 개인정보의 일부만을 삭제한 경우, 제1항의 방법으로 파기하는 것이 어려울때에는 다음 각 호의 조치를 하여야 한다.

1. 전자적 파일 형태인 경우 : 개인정보를 삭제한 후 복구 및 재생되지 않도록 관리 및 감독
2. 제1호 외의 기록물, 인쇄물, 서면, 그 밖의 기록 매체인 경우 : 해당 부분을 마스킹, 천공 등으로 삭제

채용서류 파기 방법을 정리하면 다음과 같다.

채용서류 파기 방법

구분	파기 방법
전자적 파일	• 복원이 불가능한 방법으로 영구 삭제 – (방법 1) 전용소자장비를 이용하여 삭제 (자성을 없애고, 자기 테이프 기록을 지움) – (방법 2) 데이터가 복원되지 않도록 초기화 또는 덮어쓰기
전자적 파일 外 (인쇄물, 서면 등)	• 파쇄 또는 소각

3-20 [채용서류 반환]
- 회사는 채용서류 반환 관련하여 구직자에게 고지해야 한다.

채용서류 반환에 관한 규정의 실효성을 보장하고 구직자의 권익을 실질적으로 보호하기 위해 채용서류 반환청구를 할 수 있다는 사실, 청구방법 및 청구절차 등을 채용 여부가 확정되기 전까지 구직자에게 알려야 한다.

01. 회사가 채용서류 반환 관련하여 구직자에게 알려야 할 것은 무엇인가?[28]

회사가 구직자에게 알려야 할 사항

- 채용서류의 반환을 청구할 수 있다는 사실
- 반환청구 대상 채용서류의 종류 및 범위
- 반환청구 제출 방법
- 반환 청구기간 및 이행기간
- 반환 방법 및 비용부담
- 채용서류의 보관기간 및 파기

02. 회사는 언제까지 구직자에게 알려야 하는가?

회사는 '채용 여부가 확정되기 전까지' 구직자에게 알려야 한다. 채용절차법 제10조 규정에 따라 해당 채용 관련하여 회사가 채용대상자를 확정한 날이 '채용

28) 회사가 구직자에게 알려야 할 사항은 '채용서류의 반환 등에 관한 일체의 사항'이므로 채용절차법 제11조제1항부터 제5항까지의 규정, 채용절차법 시행령 제2조부터 제5조까지의 규정 및 채용절차법 시행규칙 제3조에서 채용서류의 반환과 관련하여 정하고 있는 사항을 포함한다.

여부가 확정되기 전까지'이다. 채용광고 또는 채용공고에 기재하여 알리는 방법, 채용서류 접수 시 알리는 방법, 채용서류 접수 후 접수 사실을 공지하면서 알리는 방법도 가능하다. 채용 여부를 사전에 알리면서, 불합격자에게 채용서류 반환에 관한 사항을 함께 알리는 방법도 가능하다.

03. 구직자에게 어떤 방법으로 알려야 하는가?

채용절차법은 채용서류 반환에 관하여 구직자에게 알리지 않은 회사에게 300만원 이하의 과태료를 부과한다. 구직자에게 알리는 방법에 대해서는 채용절차법에 규정하고 있지 않으나, 법적 분쟁을 예방하기 위해서는 회사가 구직자에게 명확하게 알렸음을 입증할 수 있는 방법이 필요하다. 구두, 서면, 휴대전화 문자전송, 팩스, 전화통화, 홈페이지 게시, 전자우편 등 다양한 방법이 가능하다.

채용서류 반환에 관한 알림(예시)

1. 당사에 채용 전형에 응시해 주신 입사지원자 여러분께 진심으로 감사 드립니다.
2. 최종합격자를 제외한 입사지원자 여러분들이 이미 제출하신 채용서류를 반환 받을 수 있다는 내용을 알려 드립니다.
3. 입사지원자 여러분 중 최종합격 대상이 아닌 입사지원자는 0000년 00월 00일부터 0000년 00월 00일까지 제출한 채용서류 반환을 청구할 수 있습니다. 다만, 홈페이지 또는 전자우편으로 제출된 경우나 구직자가 당사의 요구 없이 자발적으로 제출한 경우에는 채용서류 반환 청구 대상이 아닙니다. 천재지변이나 그 밖에 당사에게 책임 없는 사유로 채용서류가 없어진 경우에는 반환한 것으로 간주됩니다.
4. 채용서류 반환 청구를 하려는 입사지원자는 채용서류 반환청구서 (채용절차의 공정화에 관한 법률 시행규칙 별지 제3호 서식)를 작성하여 당사 채용담당자의 이메일 (0000@0000.00)로 제출하면, 제출이 확인된 날로부터 14일 이내에 지정한 주소지로 등기우편을 통하여 발송해 드립니다. 이 경우 등기우편요금은 수신자 부담이오니 착오 없으시기 바랍니다.
5. 당사는 구직자의 반환 청구에 대비하여 0000년 00월 00일까지 채용서류를 보관합니다. 그때까지 채용서류 반환을 청구하지 않은 경우에는 「개인정보 보호법」에 따라 지체 없이 채용서류 일체를 파기할 예정입니다.

3-21 [채용서류 반환]
- 채용서류 반환 규정 위반 시 과태료가 부과된다.

채용서류 반환과 관련한 채용서류 반환의무와 파기의무를 위반한 경우 고용노동부장관은 시정을 명할 수 있고, 시정명령을 받은 회사는 해당 명령을 이행하고 이행결과를 고용노동부장관에게 보고해야 한다.

채용서류 보관의무와 반환 관련 고지의무를 위반한 경우, 회사에게는 시정명령 없이 즉시 과태료가 부과된다.

채용절차법 상 채용서류 반환 관련 위반 시 제재

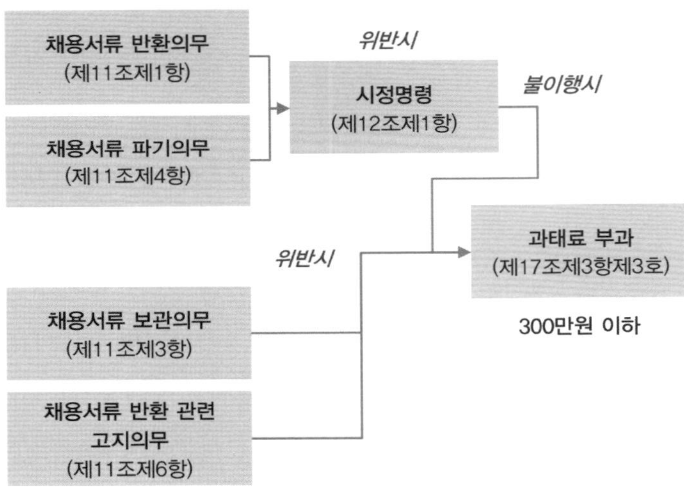

3-22 [규정 위반 시 조치사항]
- 규정 위반 회사에게 시정명령이 내려진다.

채용절차법에 따르면 '채용심사비용 등에 관한 규정'을 위반한 회사에게 고용노동부장관은 시정을 명할 수 있고, 이와 같은 시정명령을 받은 회사는 이행결과를 지체 없이 고용노동부장관에게 보고해야 한다.

관련 법조문

채용절차법 제12조(채용심사비용 등에 관한 시정명령)

① 제9조, 제11조제1항·제4항·제5항을 위반한 구인자에게 고용노동부장관은 시정을 명할 수 있다.

② 제1항에 따른 시정명령을 받은 구인자는 해당 명령을 이행한 경우에 그 이행결과를 지체없이 고용노동부장관에게 보고하여야 한다.

01. 시정명령의 대상은 누구인가?

채용절차법 제12조의 '채용심사비용 등에 관한 시정명령' 대상은 다음과 같다.

채용심사비용 등에 관한 시정명령 대상

대상	내용
채용심사비용의 부담금지 위반자 (제9조)	• 채용절차법 제9조를 위반하여 불가피한 사정이 있는 경우 고용노동부장관의 승인을 받은 경우가 아님에도 불구하고 구직자에게 채용심사비용의 일부를 부담시킨 회사
채용서류 반환규정 위반자 (제11조제1항)	• 채용절차법 제11조제1항을 위반하여 구직자에게 채용서류를 반환하지 아니한 회사
채용서류 파기규정 위반자 (제11조제4항)	• 채용절차법 제11조제4항을 위반하여 채용서류를 파기하지 아니한 회사
채용서류 반환비용을 구직자에게 부담시킨 자 (제11조제5항)	• 채용절차법 제11조제5항을 위반하여 채용절차법 시행령으로 정하는 범위를 초과하여 채용서류 반환 소요 비용을 구직자에게 부담시킨 회사

02. 시정명령의 절차는 무엇인가?

채용절차법 제12조의 '채용심사비용 등에 관한 시정명령'의 진행 절차는 다음과 같다.

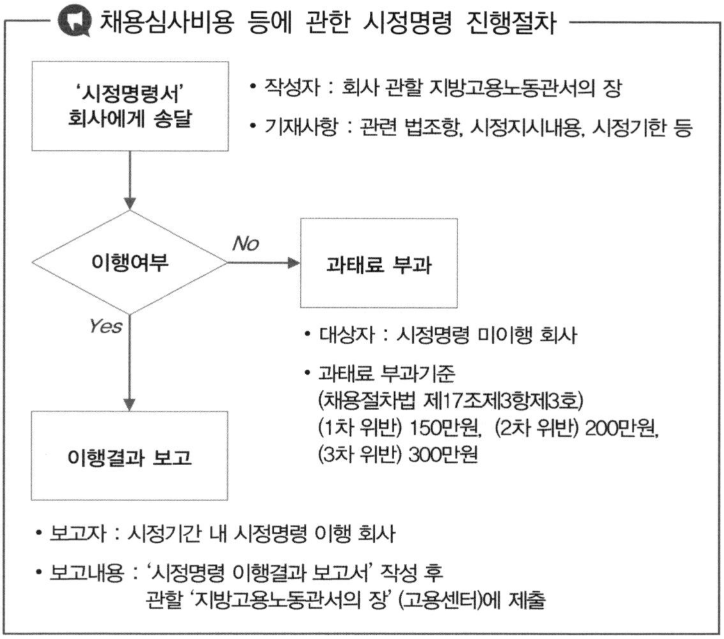

03. 시정명령 관련 서식은 무엇인가?

시정명령 관련 서식은 '시정명령서'와 '시정명령 이행결과 보고서'이다.[29]

29) 고용노동부, "채용절차의 공정화에 관한 법률 업무 매뉴얼", 2019년 7월, 125면~126면.

시정명령서

㊫ 주소:	전화:	전송:
담당부서:	담당자:	

제 호 문서번호: 수 신:	**시 정 명 령 서**		
사업장명		대 표 자	
소 재 지			

위반법조항	시정 지시 내용	시정기한

「채용절차의 공정화에 관한 법률」 위반사항에 대하여 「채용절차의 공정화에 관한 법률」 제12조에 따라 위와 같이 시정 명령하니, 해당 명령을 이행하고 붙임 시정명령 이행결과 보고서에 이행 결과에 대한 증빙자료를 첨부하여 . . .까지 보고하시기 바랍니다.

20 . . .

OO지방고용노동청(OO지청)장

시정명령 이행결과 보고서

시정명령 이행결과 보고서

사업장명	
대표자 성명	생년월일
소재지 (전화번호 :)	
위반 사항	
시정명령 이행기한 ____ 년 ___ 월 ___ 일 까지	

위 위반사항에 관한 시정명령을 . . . 다음과 같이 이행하였습니다.

다 음

시정명령의 내용	이행 내역

※ 근로자가 여럿인 경우 별지작성 가능

년 월 일

제출자: (서명 또는 날인)

OO지방고용노동청(지청)장 귀하

붙임	시정명령 이행결과 증빙 자료

3-23 [규정 위반 시 조치사항]
- 채용절차법 시행에 관한 보고 및 조사가 가능하다.

고용노동부장관은 필요한 경우 회사에게 필요 자료 제출과 보고를 요구할 수 있고, 확인이 필요한 경우 서류·장부·물건을 조사하고 질문할 수 있다.

관련 법조문

채용절차법 제14조(보고 및 조사)

① 고용노동부장관은 필요하다고 인정하면 구인자에게 이 법 시행에 필요한 자료를 제출하게 하거나 필요한 사항을 보고하게 할 수 있다.

② 고용노동부장관은 이 법 위반 사실의 확인 등을 위하여 필요하면 소속 공무원으로 하여금 이법을 적용받는 사업의 사업장이나 그 밖의 시설에 출입하여 서류·장부 또는 그 밖의 물건을 조사하고 관계인에게 질문하게 할 수 있다.

③ 고용노동부장관은 제2항에 따른 조사를 하려면 미리 조사 일시, 조사 이유 및 조사 내용 등의 조사계획을 조사 대상자에게 알려야 한다. 다만, 긴급히 조사하여야 하거나 사전에 알리면 증거인멸 등으로 조사목적을 달성할 수 없다고 인정하는 경우에는 그러하지 아니하다.

④ 제2항에 따라 출입·조사를 하는 관계 공무원은 그 권한을 표시하는 증표를 지니고 이를 관계인에게 보여주어야 한다.

01. 보고 및 조사 대상은 무엇인가?

주요 내용은 다음과 같다.

채용절차법 시행 관련 보고 및 조사 대상

구분	내용
필요자료 제출 필요사항 보고 요구 (제14조제1항)	• 고용노동부장관은 채용절차법 시행에 필요하다고 인정할 경우 회사에게 관련 자료 제출 또는 보고하게 할 수 있음.
사업장 출입, 서류 · 장부 등 조사 (제14조제2항)	• 법 위반 사실 확인 등을 위해 필요 시 사업장에 출입하여 서류 · 장부 · 물건 조사, 관계인 질문을 할 수 있음.
조사계획 사전 고지 (제14조제3항)	• 조사 시 조사계획 (일시, 이유, 내용 등)을 조사 대상자에게 사전에 알려야 함. • 단, 긴급 조사 필요 시, 증거인멸 우려 시 그러하지 아니함.

3-24 [규정 위반 시 조치사항]

- 채용절차법 위반 시 벌칙 및 과태료 부과기준을 알아보자.

채용절차법을 위반 자에 대한 제재를 알아보자.

채용절차법 위반 시 제재기준

1 채용광고 단계

- 거짓 채용광고 금지
  - 5년 이하 징역 또는 2천만원 이하 벌금
- 채용광고 내용 불리 변경 금지
  - 5백만원 이하 과태료
- 채용 후 근로조건 불리 변경 금지
  - 5백만원 이하 과태료
- 지적재산권 귀속 강요 금지
  - 5백만원 이하 과태료
- 채용강요 등의 금지
  - 3천만원 이하 과태료
- 출신지역 등 개인정보 요구 금지
  - 5백만원 이하 과태료

2 서류접수 단계

- 서류접수 사실고지

3 전형 단계

- 심사비용 회사부담
  - 3백만원 이하 과태료
- 채용일정 및 과정 고지
- 채용여부고지

4 서류반환 단계

- 서류반환 청구권한 고지
  - 3백만원 이하 과태료
- 반환청구 대비 서류 보관
  - 3백만원 이하 과태료
- 반환청구 시 14일 이내 반환
  - 3백만원 이하 과태료
- 최대 180일 이내 서류 파기
  - 3백만원 이하 과태료

5 개인정보보호

- 구직자의 개인정보 보호 조치
  - 3천만원 이하 과태료

01. 벌칙 부과대상은 누구인가?(채용절차법 제16조)

채용절차법 제4조제1항을 위반하여 '거짓채용광고를 낸 회사'는 5년 이하의 징역 또는 2천만원 이하의 벌금에 처할 수 있다.

02. 과태료 부과대상은 누구인가?(채용절차법 제17조)

채용절차법 위반 과태료 부과 대상

과태료	관련 규정	과태료 부과대상
3,000만원 이하	제4조의2 위반	• 채용강요 등의 행위를 한 경우
500만원 이하	제4조제2항 또는 제3항 위반	• 채용광고의 내용 또는 근로조건을 구직자에게 불리하게 변경한 회사
	제4조제4항 위반	• 지식재산권을 자신에게 귀속하도록 강요한 회사
	제4조의3 위반	• 직무의 수행에 필요하지 않은 개인정보를 기초심사자료에 기재하도록 요구하거나 입증자료로 수집한 회사
300만원 이하	제11조제3항	• 채용서류 보관의무를 이행하지 아니한 회사
	제11조제6항 위반	• 구직자에 대한 고지의무를 이행하지 아니한 회사
	제12조제1항	• 시정명령을 이행하지 아니한 회사

03. 과태료 부과기준은 무엇인가?(채용절차법 시행령 제7조, 별표)

채용절차법 위반행위의 횟수에 따라 과태료는 가중된다. 이에 대한 자세한 내용은 채용절차법 시행령 별표 '과태료의 부과기준(제7조 관련)'을 참고한다.

채용절차법 시행령 [별표] (2019.7.9 개정)

과태료의 부과기준(제7조 관련)

1. 일반기준

가. 위반행위의 횟수에 따른 과태료의 가중된 부과기준은 최근 3년간 같은 위반행위로 과태료 부과처분을 받은 경우에 적용한다. 이 경우 기간의 계산은 위반행위에 대하여 과태료 부과처분을 받은 날과 그 처분 후 다시 같은 위반행위를 하여 적발된 날을 기준으로 한다.

나. 가목에 따라 가중된 부과처분을 하는 경우 가중처분의 적용 차수는 그 위반행위 전 부과처분 차수(가목에 따른 기간 내에 과태료 부과처분이 둘 이상 있었던 경우에는 높은 차수를 말한다)의 다음 차수로 한다.

다. 과태료 부과권자는 위반행위자가 다음의 어느 하나에 해당하는 경우에는 제2호에 따른 과태료 금액의 2분의 1의 범위에서 그 금액을 줄일 수 있다. 다만, 과태료를 체납하고 있는 위반행위자의 경우에는 그렇지 않다.

1) 위반행위자가 「질서위반행위규제법 시행령」 제2조의2제1항 각 호의 어느 하나에 해당하는 경우

2) 위반행위자가 자연재해·사고 등으로 재산에 현저한 손실이 발생하거나 영업여건의 악화로 사업이 중대한 위기에 처하는 등의 사정이 있는 경우

3) 위반행위가 사소한 부주의나 오류 등 과실로 인한 것으로 인정되는 경우

4) 그 밖에 위반행위의 정도, 위반행위의 동기와 그 결과 등을 고려하여 줄일 필요가 있다고 인정되는 경우

2. 개별기준

(단위 : 만원)

위반행위	근거 법조문	과태료 금액		
		1차 위반	2차 위반	3차 이상 위반
가. 구인자가 법 제4조제2항 또는 제3항을 위반하여 채용광고의 내용 또는 근로조건을 변경한 경우	법 제17조 제2항제1호	300	400	500
나. 구인자가 법 제4조제4항을 위반하여 지식재산권을 구인자에게 귀속하도록 강요한 경우	법 제17조 제2항제2호	300	400	500
다. 법 제4조의2를 위반하여 채용강요 등의 행위를 한 경우	법 제17조 제1항	1,500	3,000	3,000
라. 구인자가 법 제4조의3을 위반하여 그 직무의 수행에 필요하지 않은 개인정보를 기초심사자료에 기재하도록 요구하거나 입증자료로 수집한 경우	법 제17조 제2항제3호	300	400	500
마. 구인자가 법 제11조제3항을 위반하여 채용서류 보관의무를 이행하지 않은 경우	법 제17조 제3항제1호	150	200	300
바. 구인자가 법 제11조제6항을 위반하여 구직자에 대한 고지의무를 이행하지 않은 경우	법 제17조 제3항제2호	150	200	300
사. 구인자가 법 제12조제1항에 따른 시정명령을 이행하지 않은 경우	법 제17조 제3항제3호	150	200	300

04. 과태료 부과·징수 업무절차는 무엇인가?

고용노동관계법 위반자에 대한 과태료 부과·징수 절차 예규[30]에 따라 처리된다. 주요 내용은 다음과 같다.

과태료 부과·징수 업무 절차

단계	내용
위반행위 조사 확인	• 주관부서는 노동관계 법령의 위반사실을 인지한 경우 위반자, 위반사실, 관련 증거 등을 조사, 확인하여야 함.
의견진술	• 주관부서가 과태료 부과처분을 하려는 경우 10일 이상의 기간을 정하여 과태료 처분 대상자에게 '과태료 자진납부고지서 및 의견진술 안내문'을 보내 의견을 제출할 수 있음을 통지함.
과태료 부과 요청	• 주관부서는 의견 진술 절차를 마친 후 5일 이내에 '과태료징수의뢰서'에 첨부서류와 함께 수입징수관에게 과태료 징수를 요청함.
이의제기	• 이의제기가 있는 경우 과태료 부과처분은 그 효력을 상실함. • 이의제기를 받은 주관부서는 이의제기를 받은 날부터 14일 이내에 '과태료 부과처분에 대한 이의제기 통보서'에 이의에 대한 의견 및 증빙서류를 첨부하여 관할 법원에 통보함.

30) 고용노동관계법 위반자에 대한 과태료 부과·징수업무에 관한 예규 [시행일 2020.11.16., 개정 2020.11.16. 고용노동부예규 제177호] 참조

채용
All in One

제4장

채용 시 개인정보보호 검토사항

4-1 인사·노무 관련 '개인정보' 보호를 알아보자.

친구 집으로 스터디를 간 딸이 늦은 밤 부재중 전화를 남기고 사라진다. 사라진 딸의 흔적을 쫓기 위해 아빠는 딸의 노트북과 SNS 계정을 통해 직접 '서치'한다. 영화 '서치(Searching)'는 우리의 개인정보가 얼마나 쉽게 유출되고, 수많은 위협과 공격에 무방비 상태로 노출되어 있는지를 보여준다.

개인정보는 개인에게는 인권, 회사에게는 영업자산, 그리고 국가에게는 신뢰도와 밀접하게 관련되어 있다. 자기정보 결정권에 대한 관심, 개인정보 침해에 따른 손해배상 증가로 개인정보 보호 필요성이 증가되고 있다.

아래에서는 개인정보 보호 근거 법령인 「개인정보 보호법」과 이를 쉽게 활용하기 위하여 행정안전부와 고용노동부가 제작한 「개인정보보호 가이드라인」의 핵심내용을 정리하였다.[31)]

01. '개인정보'란 무엇인가?

'개인정보'란 살아있는 개인에 관한 정보로서 성명, 주민등록번호, 영상 등을 통하여 개인을 알아볼 수 있는 정보를 의미하고, 해당 정보만으로 특정한 개인을 알아볼 수 없더라도 다른 정보와 쉽게 결합하여 개인을 파악할 수 있다면 이 역시도 개인정보이다. 연령, 주소 등 개인에 대한 객관적인 정보와 개인에 대한 의견, 평가 등 제3자에 의해 만들어진 주관적인 정보도 개인정보에 포함된다. 개인의 내밀한 영역이나 사적인 영역에 속하는 정보에 국한되지 않고 공적 생활에서 형성되었거나 이미 공개된 개인정보까지 포함된다.[32)] 무슨 정보가 개인정보에 해당하는지에 대한 판단기준은 다음과 같다.[33)]

---

31) 이 내용은 "개인정보보호 가이드라인 - 인사·노무편" 행정안전부·고용노동부(2017)를 참고하였다.

32) 헌재 2005.5.26. 선고 99헌마513 주민등록 제17조의8 등 위헌확인(주민등록법 시행령 제33조 제2항) 결정 참고

개인정보 해당 여부 판단 기준

'살아있는 자'에 관한 정보	• 살아있는 자에 관한 정보이어야 하므로 사망한 자, 자연인이 아닌 법인, 단체 또는 사물 등에 관한 정보는 개인정보에 해당하지 않음.
'개인'에 관한 정보	• 개인에 관한 정보이어야 하므로 여러 사람이 모여 이룬 집단의 통계값 등은 개인정보에 해당하지 않음.
'정보의 형식 등' 무제한	• 문자 · 음성 · 부호 · 영상 등 정보의 종류, 형태, 성격, 형식 등의 제한이 없음.
'개인을 알아볼 수 있는 정보'	• 특정 개인을 알아보기 어려운 정보는 개인정보가 아님. • '알아볼 수 있는'의 주체는 해당 정보를 처리하는 자 (정보의 제공 관계에 있어서는 제공받은 자를 포함)이며, 정보를 처리하는 자가 개인을 알아볼 수 없다면 그 정보는 개인정보에 해당하지 않음.
'다른 정보와 쉽게 결합하여'	• 해당 정보만으로 특정 개인을 식별할 수 없다 하더라도 다른 정보와 쉽게 결합하여 특정 개인을 알아볼 수 있다면 개인정보에 해당됨. 이를 위해서는 결합 대상이 될 다른 정보를 입수할 가능성이 있어야 하고, 다른 정보와의 결합 가능성이 높아야 함. • 이는 일률적으로 판단할 수 없고, 상황에 따라 달라짐.

33) 개인정보보호 종합포털(https://www.privacy.go.kr)을 참고하였다.

개인정보의 유형은 다음과 같이 분류[34)]할 수 있다.

개인정보의 예시

유형구분	개인정보항목
일반정보	• 이름, 주민등록번호, 운전면허번호, 주소, 전화번호, 생년월일, 출생지, 본적지, 성별, 국적
가족정보	• 가족구성원들의 이름, 출생지, 생년월일, 주민등록번호, 직업, 전화번호
교육 및 훈련정보	• 학교출석사항, 최종학력, 학교성적, 기술 자격증 및 전문 면허증, 이수한 훈련프로그램, 동아리활동, 상벌사항
병역정보	• 군번 및 계급, 제대유형, 주특기, 근무부대
부동산정보	• 소유주택, 토지, 자동차, 기타소유차량, 상점 및 건물 등
소득정보	• 현재 봉급액, 봉급경력, 보너스 및 수수료, 기타소득의 원천, 이자소득, 사업소득
그 밖의 수익정보	• 보험(건강, 생명 등) 가입현황, 회사의 판공비, 투자프로그램, 퇴직프로그램, 휴가, 병가
신용정보	• 대부잔액 및 지불상황, 저당, 신용카드, 지불연기 및 미납의 수, 임금압류 통보에 대한 기록
고용정보	• 현재의 고용주, 회사주소, 상급자의 이름, 직무수행평가기록, 훈련기록, 출석기록, 상벌기록, 성격 테스트결과 직무태도, 취업일·퇴직일 등 근속기간, 휴가휴직기록, 근무시간 기록 등
법적정보	• 전과기록, 자동차 교통 위반기록, 파산 및 담보기록, 구속기록, 이혼기록, 납세기록
의료정보	• 가족병력기록, 과거의 의료기록, 정신질환기록, 신체장애, 혈액형, IQ, 약물테스트 등 각종 신체테스트 정보
조직정보	• 노조가입, 종교단체가입, 정당가입, 클럽회원
통신정보	• 전자우편(E-mail), 전화통화내용, 로그파일(Log file), 쿠키(Cookies)
위치정보	• GPS나 휴대폰에 의한 개인의 위치정보
신체정보	• 지문, 홍채, DNA, 신장, 가슴둘레 등
습관 및 취미정보	• 흡연, 음주량, 선호하는 스포츠 및 오락, 여가활동, 비디오 대여기록, 도박성향

34) 고용노동부, "채용절차의 공정화에 관한 법률 업무 매뉴얼", 2019년 7월, 219면.

02. 개인정보 보호의 원칙은 무엇인가?

「개인정보 보호법」상 개인정보 보호의 대원칙은 '개인정보의 자기결정권 보장'[35]이다. 이를 위해서는 **첫째**, 정보주체의 동의 등 '적법한 절차'에 따라 개인정보의 수집·이용·제공이 진행되어야 하고, **둘째**, 개인정보 처리 시 개인정보가 고의나 관리 부주의 또는 외부 공격으로 분실·도난·유출·위조·변조·훼손되지 않도록 '안전하게 관리'되어야 한다. 「개인정보 보호법」 제3조의 개인정보 보호에 관한 원칙을 정리하면 다음과 같다.

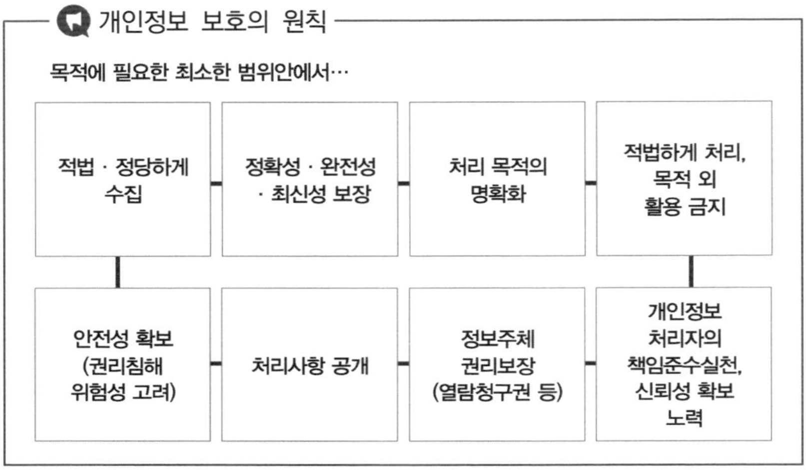

수집 목적에 필요한 최소한의 개인정보 수집이라는 입증책임은 사용자(개인정보처리자)가 부담한다. 필요한 최소한의 정보 외의 개인정보 수집에 동의하지 않는다는 이유로 근로자 등에게 인사조치 등의 불이익을 주어서는 안된다.

---

35) 헌재 2005.5.26. 선고 99헌마513 주민등록 제17조의8 등 위헌확인(주민등록법 시행령 제33조 제2항) 결정에서 개인정보 자기결정권을 정의하고 있다. '개인정보 자기결정권은 자신에 관한 정보가 언제 누구에게 어느 범위까지 알려지고 또 이용되도록 할 것인지를 그 정보주체가 스스로 결정할 수 있는 권리를 의미하고, 정보주체가 개인정보의 공개와 이용에 관하여 스스로 결정할 권리를 의미한다.'

03. 개인정보보호 관련 법령은 어떻게 적용되는가?

「개인정보 보호법」은 개인정보 처리에 관한 사항을 규정한 일반법이다. 인사·노무 관련 근로자의 개인정보 처리와 관련된 특별한 규정이 있으면 해당 법령이 우선 적용되고 특별한 규정이 없는 경우 개인정보 보호법이 적용된다.[36]

04. 개인정보 수집 요건은 무엇인가?

개인정보 수집을 위해서는 목적에 필요한 최소한의 범위안에서 적법하고 정당하게 수집해야 한다. 수집요건은 다음과 같다.

첫째, 근로자 등 정보주체의 동의를 받은 경우 개인정보를 수집할 수 있다. 개인정보 수집 시 동의 방법은 다음과 같다.

개인정보 수집 시 동의 방법

구분	내용
동의 시 고지사항	• 개인정보 수집 동의를 받을 시점에서의 고지사항 1) 수집 · 이용 목적 2) 수집 항목 3) 보유 및 이용기간 4) 동의거부 권리가 있다는 사실 및 동의 거부 시 불이익이 있다면 그 내용
서면 동의 시 요건 (전자문서 동의 포함)	• 민감정보 처리 그 항목, 개인정보의 보유기간 등 중요 사항을 명확히 표시해야 함 (굵고 큰 글씨 등)

둘째, 법률에 특별한 규정이 있는 경우, 근로기준법 준수를 위한 근로자 명부 및 임금대장 작성 등과 같이 법령상 의무 준수를 위해 불가피한 경우 개인정보 수집이 가능하다.

---

36) 단, 인사·노무 관련 근로자 등의 개인정보 처리와 관련된 특별한 규정이 있더라도 법률의 위임 없이 시행령, 시행규칙, 고시 등 하위 규정으로 개인정보처리에 관해 규정된 경우에는 우선 적용에서 제외된다.

셋째, 계약 체결 및 이행을 위하여 불가피하게 필요한 경우에는 개인정보 수집이 가능하다. 채용예정 직무를 수행할 수 있을지 여부를 판단하기 위해 요구되는 구직자의 경력, 자격, 입증자료, 연락처 등은 근로계약 체결에 불가피하게 필요한 정보로 인정된다. 단, 경력이 필요 없는 직무 수행자 채용 시 경력 정보는 계약체결을 위해 필요한 정보로 볼 수 없다.

넷째, 정보주체 또는 그의 법정대리인이 의사표시를 할 수 없는 상태에 있거나 사전에 동의를 받을 수 없는 경우로서 명백하게 근로자 등 정보주체 또는 제3자의 급박한 생명, 신체, 재산의 이익을 위하여 필요하다고 인정되는 경우에는 개인정보 수집이 가능하다.

다섯째, 사용자의 정당한 이익 달성을 위하여 필요한 경우로서 명백하게 정보주체의 권리보다 우선하는 경우에는 개인정보 수집이 가능하다. 단, 사용자의 정당한 이익과 상당 부분 관련이 있고 합리적인 범위를 초과하지 않는 경우에 한하여 인정된다.

05. 고유식별정보 및 민감정보 수집의 요건은 무엇인가?

일반적인 개인정보 외 고유식별정보 또는 민감정보를 수집하는 경우에는 단계별로 살펴보아야 한다.

첫째, 고유식별정보 또는 민감정보를 수집하는 경우에는 법령에 구체적인 근거가 있는지 여부에 대해 확인이 필요하다. 예컨대, 소득세법에 따라 연말정산을 위해 근로자의 주민등록번호를 수집할 수 있다.

둘째, 법령에 근거가 없지만 정당한 수집사유가 있는 경우 필요 최소한의 범위에서 별도 동의[37]를 얻어 수집하고 이용할 수 있다.(주민등록번호 제외)

셋째, 주민등록번호는 법률·시행령에서 구체적으로 주민등록번호의 처리를 요구하거나 허용한 경우에만 처리가 가능하다.

37) '별도 동의'를 얻는 것은 일반적인 개인정보 처리에 대한 동의 외에 고유식별정보 또는 민감정보 수집에 대한 동의를 추가로 받는 것을 의미한다.

관련 법조문

개인정보 보호법 제24조의2(주민등록번호 처리의 제한)

① 제24조제1항에도 불구하고 개인정보처리자는 다음 각 호의 어느 하나에 해당하는 경우를 제외하고는 주민등록번호를 처리할 수 없다.

1. 법률·대통령령·국회규칙·대법원규칙·헌법재판소규칙·중앙선거관리위원회규칙 및 감사원규칙에서 구체적으로 주민등록번호의 처리를 요구하거나 허용한 경우
2. 정보주체 또는 제3자의 급박한 생명, 신체, 재산의 이익을 위하여 명백히 필요하다고 인정되는 경우
3. 제1호 및 제2호에 준하여 주민등록번호 처리가 불가피한 경우로서 보호위원회가 고시로 정하는 경우

06. 금지되는 개인정보 수집 방법은 무엇인가?

거짓 또는 부정한 수단이나 방법으로 개인정보를 취득하거나 처리에 관한 동의를 받는 행위는 금지된다. 정당한 권한이 없는 상황이나 허용된 권한을 초과한 상황에서 다른 사람의 개인정보를 훼손, 멸실, 변경, 위조, 변조 또는 유출하는 행위는 금지된다.

4-2 채용계획 수립단계에서 유념해야 할 개인정보의 수집·이용의 기준을 알아보자.

회사가 선호하는 인재상, 채용직무의 특성, 채용절차 및 방법 등에 따라 채용 단계별 필요한 개인정보는 다르다. 회사는 채용에 반드시 필요한 개인정보를 결정하고 해당 개인정보의 수집·이용 계획을 수립해야 한다. 단, 반드시 필요한 개인정보 수집에 관한 입증책임은 회사가 부담하므로, 최소한의 필요한 개인정보에 한하여 수집하고, 전형에 필요 없는 개인정보(본적, 주민등록번호 등)는 수집하지 않도록 주의해야 한다.

01. 회사가 채용을 위해 수집할 수 있는 개인정보는 무엇인가?

회사가 채용을 위해 반드시 필요하다고 인정한 개인정보는 정보주체의 동의 없이 수집·이용이 가능하다. 단, 정보주체로부터 직접 수집하지 않은 경우 정보주체의 요구가 있다면, 수집 출처, 처리목적, 개인정보 처리절차 요구권이 있다는 사실을 정보주체에게 알려야 한다.

채용 시 수집 가능한 최소한의 개인정보

구분	개인정보
입사지원자 확인 및 연락에 필요한 개인정보	• 성명, 전화번호, 주소
입사지원자의 직무수행능력 평가 시 필요한 개인정보	• 경력, 자격, 성적 (단, 채용예정 직위의 직무수행을 위해 요구되는 경우)

02. 고유식별정보 및 민감정보의 수집·이용은 원칙적으로 금지된다.

주민등록번호 등의 '고유식별정보'와 정치적 견해, 범죄경력정보 등의 '민감정보'의 수집·이용은 원칙적으로 금지된다. 특히, 온라인 채용 시 대행업체를 활용하는 경우 주민등록번호 등 채용과정에 반드시 필요하지 않은 개인정보를 수집하지 않도록 해야 한다.

고유식별정보 및 민감정보

고유식별정보	• 주민등록번호, 운전면허번호, 여권번호, 외국인등록번호
민감정보	• 사상 · 신념, 노동조합 · 정당의 가입 · 탈퇴, 정치적 견해, 건강, 성생활 등에 관한 정보, 유전정보, 범죄경력자료에 해당하는 정보 등

단, 해당 법령에 근거하여 장애인, 국가유공자, 고령자 등을 우대하기 위해 관련 정보를 수집하는 것은 지원자의 별도 동의 없이 가능하다.

「아동·청소년의 성 보호에 관련 법률」에 근거하여 아동·청소년 관련 교육기관, 공동주택의 관리사무소, 인터넷컴퓨터게임시설제공업 등에 취업하고자 하는 사람에 대한 성범죄 경력 조회는 본인의 동의를 받아 실시할 수 있다.

03. 채용대행업체를 활용하여 채용하는 경우 한층 더 주의한다.

헤드헌팅 업체 등 채용대행업체에게 입사지원자의 개인정보 처리업무를 위탁하는 경우 채용대행업체가 개인정보를 안전하게 관리하는지 여부에 대해 관심을 기울여야 한다.

관련 법조문

개인정보 보호법 제26조(업무위탁에 따른 개인정보의 처리 제한)

① 개인정보처리자가 제3자에게 개인정보의 처리 업무를 위탁하는 경우에는 다음 각 호의 내용이 포함된 문서에 의하여야 한다.

1. 위탁업무 수행 목적 외 개인정보의 처리 금지에 관한 사항
2. 개인정보의 기술적·관리적 보호조치에 관한 사항

3. 그 밖에 개인정보의 안전한 관리를 위하여 대통령령으로 정한 사항
② 제1항에 따라 개인정보의 처리 업무를 위탁하는 개인정보처리자(이하 "위탁자"라 한다)는 위탁하는 업무의 내용과 개인정보 처리 업무를 위탁받아 처리하는 자(이하 "수탁자"라 한다)를 정보주체가 언제든지 쉽게 확인할 수 있도록 대통령령으로 정하는 방법에 따라 공개하여야 한다.
③ 위탁자가 재화 또는 서비스를 홍보하거나 판매를 권유하는 업무를 위탁하는 경우에는 대통령령으로 정하는 방법에 따라 위탁하는 업무의 내용과 수탁자를 정보주체에게 알려야 한다. 위탁하는 업무의 내용이나 수탁자가 변경된 경우에도 또한 같다.
④ 위탁자는 업무 위탁으로 인하여 정보주체의 개인정보가 분실·도난·유출·위조·변조 또는 훼손되지 아니하도록 수탁자를 교육하고, 처리 현황 점검 등 대통령령으로 정하는 바에 따라 수탁자가 개인정보를 안전하게 처리하는지를 감독하여야 한다.
⑤ 수탁자는 개인정보처리자로부터 위탁받은 해당 업무 범위를 초과하여 개인정보를 이용하거나 제3자에게 제공하여서는 아니 된다.
⑥ 수탁자가 위탁받은 업무와 관련하여 개인정보를 처리하는 과정에서 이 법을 위반하여 발생한 손해배상책임에 대하여는 수탁자를 개인정보처리자의 소속 직원으로 본다.

첫째, 회사가 입사지원자의 개인정보 처리업무를 위탁하는 경우 다음의 내용이 포함된 문서에 의하여야 한다.

- 위탁업무 수행 목적 외 개인정보의 처리금지에 관한 사항
- 개인정보의 기술적·관리적 보호조치에 관한 사항
- 위탁업무의 목적과 범위 및 재위탁 제한에 관한 사항
- 위탁업무와 관련하여 보유하고 있는 개인정보의 관리현황 점검 등 감독에 관한 사항
- 수탁자 준수의무 위반 시 손해배상 등 책임에 관한 사항

둘째, 위탁업무 내용과 개인정보 처리업무를 수탁받은 채용대행업체를 입사지원자가 언제든지 쉽게 확인 할 수 있도록 입사지원서 접수창구 등에 공개해야 한다.

셋째, 회사는 정보주체의 개인정보가 분실·도난·유출·위조·변조·훼손되지 않도록 채용대행업체를 교육해야 한다. 또한, 처리 현황 점검 등 채용대행업체가 개인정보를 안전하게 처리하는지 감독해야 한다.

넷째, 수탁자가 위탁받은 업무 관련 개인정보 처리 과정에서 「개인정보 보호법」을 위반하여 발생한 손해배상 책임에 대해서는 수탁자를 회사의 소속직원으로 본다. 그러므로 개인정보 처리업무를 수탁받은 채용대행업체는 개인정보 처리업무에 관하여 수집·이용, 제공, 보관 시 개인정보처리자에게 부과되는 의무를 준수해야 한다.

04. 채용계획 수립 시 종합적인 개인정보 관리 계획을 수립해야 한다.

입사지원서를 접수하는 채용담당자 등 개인정보 취급자는 필요 최소한으로 지정하여 개인정보의 유출·노출 가능성을 최소화해야 한다. 채용방법 및 개인정보 수집 유형별 준수사항은 다음과 같다.[38)]

38) 이 내용은 "개인정보보호 가이드라인 - 인사·노무편" 행정안전부·고용노동부(2017)을 참고하였다.

채용방법 및 개인정보 수집 유형별 준수사항

정보수집 유형		운영사례	준수사항	
온라인 채용	개인정보 직접수집	• 인터넷 공개모집 • 사이버 취업박람회	• 해킹 유출 주의	최소한의 개인정보만 수집
	개인정보 간접수집	• 온라인 채용 대행업체	• (지원자 요청 시) 수집출처 · 처리목적 등 고지 • 위탁계약문서 처리	
오프라인 채용	개인정보 직접수집	• 기업설명회, 취업박람회 • 캠퍼스 리쿠르팅 • 인턴제 • 모집광고 • 종업원 추천 채용	• 입사지원자의 개인정보취급자 최소화	
	개인정보 간접수집	• 취업알선 기관 활용 (헤드헌팅 등) • 지도교수 추천	• (지원자 요청 시) 수집출처 · 처리목적 등 고지	

4-3 채용전형 단계별 유념할 개인정보의 수집·이용 기준을 알아보자.

01. 서류전형 단계의 개인정보 수집·이용의 기준

첫째, 채용 모집을 공고한 이후에는 채용전형 단계별 해당 전형에 필요한 최소한의 개인정보만 수집해야 한다. '최소한의 개인정보'의 예시는 다음과 같다.

- 입사지원자 확인 시 필요한 성명, 생년월일
- 입사지원자 연락 시 필요한 연락처, 주소
- 입사지원자의 직무수행능력 판단 시 필요한 경력, 자격, 성적 등(학력, 자격이 요구되지 않는 직무(단순노무직 등)의 경우 개인정보는 '필요한 최소한의 개인정보'라 볼 수 없다.)

행정편의를 위해 서류전형 단계에서 면접 및 입사 이후에 필요한 개인정보까지 일괄적으로 수집하는 것은 금지된다. 입사지원자에게 채용확정 이후 필요한 개인정보까지 수집한다면 채용에서 탈락한 입사지원자의 개인정보까지 불필요하게 수집하는 결과를 초래하기 때문이다.

둘째, 입사지원서 또는 각종 증빙서류 등을 통해 주민등록번호를 수집할 수 없다. 입사지원자 본인 확인이 필요한 경우에는 주민등록번호가 아닌 주소, 전화번호 등을 활용해야 한다. 참고로 주민등록번호 수집은 법률에 근거가 있는 경우에 한하여 수집할 수 있다.[39)]

셋째, 채용전형과 관련이 없는 각종 정보(정치적 성향, 가족의 직업, 신체정보

---

39) 개인정보 보호법 제24조의2(주민등록번호 처리의 제한)에 따르면 주민등록번호는 법률·대통령령·국회규칙·대법원규칙·헌법재판소규칙·중앙선거관리위원회규칙 및 감사원규칙에서 구체적으로 주민등록번호의 처리를 요구하거나 허용한 경우, 정보주체 또는 제3자의 급박한 생명, 신체, 재산의 이익을 위하여 명백히 필요하다고 인정되는 경우, 그리고 주민등록번호 처리가 불가피한 경우로서 행정안전부령으로 정하는 경우 외에는 처리할 수 없다.

등)는 수집이 불가하다. 구직자는 자기소개서에 전형과 무관한 사생활 정보, 민감정보 등을 작성하지 않도록 안내해야 한다. 반드시 필요한 항목에 '필수'를 표기하여 불필요한 개인정보 수집을 방지해야 한다. 만일 민감정보를 수집할 필요가 있는 경우에는 법률에 구체적인 근거 여부 확인 후 수집해야 한다. 법률에 구체적인 근거가 없다면 별도의 동의를 받아 필요 최소한으로만 정보를 수집할 수 있다. 동의를 받을 때는 개인정보의 수집·이용 목적, 수집하려는 개인정보의 항목, 개인정보의 보유·이용기간 동의를 거부할 수 있다는 점과 동의를 하지 않은 경우 어떤 불이익이 있는지를 알려야 한다.[40]

넷째, 본인으로부터 직접 개인정보를 수집하는 것이 원칙이다. 만일 제3자로부터 제공받는 것이 불가피한 경우 관련 정보주체로부터 정보수집의 출처, 수집 내용 등을 알려야 한다. 단, 정당한 절차에 따라 불특정 다수가 열람하는 사이트(언론, 온라인 도서관, 인물DB 등)에 공개된 개인정보의 수집·이용은 동의를 받을 필요가 없다. 하지만, 정당하지 않은 방법으로 수집하여 공개된 개인정보는 수집·이용할 수 없다.

다섯째, 입사지원자가 제출한 개인정보(경력, 자격, 성적 등)의 진위여부 확인이 필요하다면 해당 증명서 발급기관에 발급번호(또는 코드번호 등)를 통하여 확인할 수 있다. 발급번호(또는 코드번호 등)를 통한 증명서의 진위확인 방식은 개인정보처리에 해당하지 않으므로 정보주체의 동의가 불필요하다. 하지만, 입사지원자의 성명, 주민등록번호 등을 증명서 발급기관에 제공하여 증명서의 진위 여부를 확인하는 방법은 새로운 개인정보의 수집으로 이어지므로 활용하지 않아야 한다.

---

40) 형의 실효 등에 관한 법률(이하 '형실효법') 제6조제3항에는 누구든지 법률에서 범죄경력조회 등을 하도록 하는 경우 외의 용도로는 범죄경력자료를 취득할 수 없다고 규정되어 있다. 형실효법에서 정하는 경우 외에는 범죄경력자료를 취득할 수 없다.
아동·청소년의 성보호에 관련 법률 제56조제3항에 따라 실시하는 성범죄의 경력 조회는 본인의 동의를 받아 처리해야 한다.

02. 신체검사 단계의 개인정보 수집·이용의 기준

회사는 입사지원자의 직무수행이 가능한지 여부를 판단하기 위해 신체검사를 실시한다. 이때도 필요한 범위에서 최소한의 건강정보를 수집해야 하고, 입사지원자의 동의를 받아 실시해야 한다.

03. 합격통보 단계의 개인정보 수집·이용의 기준

회사는 채용전형 합격여부가 입사지원자 본인에게 직접 통보될 수 있도록 전화, 이메일 등을 활용하여 통보하여야 한다. 홈페이지를 통한 통보는 비밀번호를 사전에 설정하여 본인 여부 확인 후 통보되어야 한다.

채용
All in One

제5장

모집·채용 시 사회적 약자보호 법령 검토사항

"채용절차법 외 다른 법령에도 모집과 채용 관련한 규정이 있다. 각각의 내용을 살펴본다."

5-1 「고용정책 기본법」상 채용 관련 준수사항

「고용정책 기본법」에 따르면 국가는 고용정책을 수립·시행하여 국민이 직업능력 개발, 취업기회 확대, 근로자의 고용안정, 기업의 일자리 창출 및 원활한 인력 확보를 지원한다. 또한, 노동시장의 효율성과 인력수급의 균형을 도모하여 궁극적으로 국민의 삶의 질 향상, 지속가능한 경제성장 및 고용을 통한 사회통합에도 이바지한다.

「고용정책 기본법」상 채용관련 준수사항

모집 · 채용 시 차별금지 및 균등취업기회 보장 (제7조제1항)	• 사업주는 근로자 모집 · 채용 시 합리적인 이유 없이 성별, 신앙, 연령, 신체조건, 사회적 신분, 출신지역, 학력, 출신학교, 혼인 · 임신 또는 병력 등을 이유로 차별 금지, 균등 취업기회 보장 의무 **→ 권고 규정 (위반 시 벌칙, 과태료 없음)**
고용서비스 제공 시 차별금지 (제7조제2항)	• 고용서비스 제공 자의 업무 수행 시 합리적인 이유 없이 성별 등을 이유로 구직자 차별 금지 **→ 권고 규정 (위반 시 벌칙, 과태료 없음)**

5-2 「직업안정법」상 채용관련 준수사항

「직업안정법」은 모든 근로자가 각자의 능력을 개발하고 발휘할 수 있는 직업에 취업기회 제공, 정부와 민간의 협력으로 산업에 필요한 노동력이 원활하게 수급되도록 지원하고 근로자의 직업안정 도모, 국민경제의 균형 발전에 이바지함을 목적으로 한다.

「직업안정법」상 채용 관련 준수사항

구분	내용
균등처우 (제2조)	• 누구든지 고용관계 결정 시 성별, 연령, 종교, 신체적 조건, 사회적 신분 또는 혼인 여부 등을 이유로 차별대우 금지 **→ 권고 규정 (위반 시 벌칙, 과태료 없음)**
국외 취업자 모집 시 신고 (제30조제1항 · 제2항)	• 누구든지 국외 취업 근로자 모집 시 고용노동부장관 신고 의무 **→ 위반 시 100만원 이하의 과태료**
모집 관련 금품 등 수령금지 (제32조)	• 근로자 모집 시 응모자에게 모집 관련 금품 수령, 이익 취득 금지 **→ 위반 시 5년 이하의 징역 또는 5천만원 이하의 벌금** • 단, 유료직업소개사업 수행 시 예외
비밀보장 의무 (제42조)	• 근로자 모집에 관여하였거나, 관여하고 있는 자는 업무상 알게 된 근로자 또는 사용자에 관한 비밀 누설 금지 **→ 위반 시 1년 이하의 징역 또는 1천 만원 이하의 벌금**

5-3 「남녀고용평등과 일·가정 양립 지원에 관한 법률」상 채용 관련 준수사항

「남녀고용평등과 일·가정 양립 지원에 관한 법률(이하 '남녀고용평등법')」은 고용에서 남녀의 평등한 기회와 대우 보장, 모성보호와 여성 고용 촉진, 이를 통해 남녀고용평등 실현과 근로자의 일과 가정의 양립을 지원하고, 모든 국민의 삶과 질 향상에 이바지함을 목적으로 한다.

「남녀고용평등과 일·가정 양립 지원에 관한 법률」상 채용 관련 준수사항

모집과 채용 (제7조)	• 사업주는 근로자 모집 · 채용 시 남녀 차별 금지 • 특히, 근로자 모집 · 채용 시 직무 수행에 불필요한 신체적 조건 (용모 · 키 · 체중 등), 미혼 조건, 그 밖에 고용노동부령으로 정하는 조건 제시 · 요구 금지 **→ 위반 시 500만원 이하의 벌금**

기존 남녀고용평등법은 모집·채용에 관해 여성 근로자에 대해서만 채용 시 신체적 조건, 미혼 조건 등의 제시를 금지하고 있었다. 2021년 4월 29일 법개정을 통하여 "여성 근로자"를 "근로자"로 개정하여 여성뿐만 아니라 남성 근로자에 대해서도 고용상 불합리한 차별 대우를 방지하도록 하였다.

모집·채용 시 남녀차별의 사례는 다음과 같다.[41)]

- 특정 성에게 모집·채용의 기회를 주지 아니하는 경우
- 직종·직무별로 남녀를 분리하여 모집하거나 성별로 채용 예정인원을 배정함으로써 특정 직종·직무에 특정 성의 채용기회를 제한하는 경우
- 채용시 특정 성에게만 합리적인 이유 없이 별도의 구비서류 등을 요구하는 경우

41) 남녀고용평등 업무처리규정 제3조제2항 참조.

- 모집·채용에 있어 특정 성만을 가리키는 직종의 명칭을 사용하는 경우
  다만, 특정 성을 배제하는 것이 아님이 분명한 경우는 제외한다.
- 학력·경력 등이 같거나 비슷함에도 불구하고 특정 성을 다른 성에 비해 낮은 직급 또는 직위에 모집·채용하는 경우
- 남녀가 같거나 비슷한 자격을 갖추고 있음에도 불구하고 특정 성을 다른 성보다 불리한 고용형태로 채용하는 경우
- 구인광고 내용에 합리적인 이유 없이 특정 성을 우대한다는 표현을 하는 경우. 다만, 특정 성의 비율이 현저히 낮은 사업장에서 현존하는 차별을 해소하기 위하여 특정 성을 우대하는 것은 합리적인 이유가 있는 것으로 본다.
- 특정 직종의 모집연령을 합리적인 이유 없이 성별로 차이를 두는 경우
- 특정 성에게만 직무수행에 필요하지 않는 용모 등 신체적 조건이나 결혼 여부 등의 조건을 부과하는 경우
- 특정 직종을 모집함에 있어서 특정 성이 충족하기 어려운 신장·체중·체력 등을 채용조건으로 한 것으로 인하여 특정 성의 채용비율이 다른 성에 비해 현저하게 적은 경우
  다만, 직무관련성, 정당성 등에 대한 사업주의 입증이 있는 경우는 제외한다.
- 서류전형·면접·구술시험 등 채용절차에서 객관적인 기준에 의하지 아니하고 특정 성을 불리하게 대우함으로써 채용기회를 제한하는 경우
- 모집·채용에 관한 정보를 성별에 따라 다르게 제공하는 경우
- 그 밖에 합리적인 이유 없이 근로자의 모집·채용에 있어서 특정 성을 차별하여 근로자를 모집·채용하거나, 모집·채용 기준은 성 중립적이나 그 기준이 특정 성이 충족하기에는 현저히 어려워 결과적으로 특정 성에게 불이익이 발생하고 사업주가 그 기준의 정당성을 입증하지 못하는 경우

5-4 「고용상 연령차별금지 및 고령자고용촉진에 관한 법률」상 채용 관련 준수사항

「고용상 연령차별금지 및 고령자고용촉진에 관한 법률」은 합리적인 이유 없이 연령을 이유로 한고용차별 금지, 고령자가 능력에 맞는 직업을 가질 수 있도록 지원·촉진하고, 고령자의 고용안정과 국민경제 발전에 이바지함을 목적으로 한다.

「고용상 연령차별금지 및 고령자고용촉진에 관한 법률」상 채용 관련 준수사항

구분	내용
모집 · 채용 시 연령차별 금지 (제4조의4)	• 사업주는 모집 · 채용 시 합리적인 이유 없이 연령을 이유로 근로자 또는 근로자가 되려는 자 차별금지 **→ 위반 시 500만원 이하의 벌금**
고령자 고용 노력의무 (제12조)	• 상시 300명 이상의 근로자를 사용하는 사업장의 사업주는 기준고용률 이상의 고령자 (만 55세 이상자) 고용 노력 필요 ※ 기준고용률 : 제조업 2%, 운수업 · 부동산 · 임대업 6%, 그 외 산업 3%

5-5 「장애인고용촉진 및 직업재활법」상 채용 관련 준수사항[42)]

「장애인고용촉진 및 직업재활법」은 장애인이 능력에 맞는 직업생활을 통하여 인간다운 생활을 할 수 있도록 장애인의 고용촉진 및 직업재활 지원을 목적으로 한다.

「장애인고용촉진 및 직업재활법」상 채용 관련 준수사항

구분	내용
사업주의 책임 (제5조)	• 사업주는 장애인의 고용에 관한 정부 시책에 협조해야 하고, 장애인의 능력을 정당하게 평가하여 고용의 기회를 제공하고 적정한 고용관리를 해야 할 의무가 있음. • 사업주는 근로자가 장애인이라는 이유로 채용 · 승진 · 전보 및 교육훈련 등 인사관리상 차별대우가 금지됨.
장애인 고용 의무 (제28조)	• 국가, 지방자치단체와 상시 50명 이상의 근로자 고용 공공기관 · 민간기업 사업주는 그 근로자의 총수의 5% 범위에서 '의무고용률' 이상의 장애인을 고용해야 함. ※ 의무고용률 (2019년 이후 기준) – 국가 및 지자체 (공무원, 비공무원) : 3.4% – 공공기관 (공기업, 준정부기관, 기타공공기관 및 지방공기업) : 3.4% – 민간기업 : 3.1%
장애인 고용부담금 납부 (제33조)	• '의무고용률'에 미달하는 장애인을 고용하는 사업주 (상시 50명 이상 100명 미만의 근로자 고용 사업주 제외)는 대통령령 기준의 장애인고용부담금을 납부해야 함.

42) '장애인 고용의무제도' 및 '장애인 고용부담금'의 세부 사항은 한국장애인고용공단 홈페이지에 게재되어 있다.

5-6 「국가유공자 등 예우 및 지원에 관한 법률」상 채용 관련 준수사항

「국가유공자 등 예우 및 지원에 관한 법률」은 국가를 위하여 희생, 공헌한 국가유공자, 그 유족 또는 가족을 정당하게 예우하고 지원하여 이들의 생활안정과 복지향상을 도모하고 국민의 애국정신을 기르고자 하는 목적이 있다.

「국가유공자 등 예우 및 지원에 관한 법률」상 채용 관련 준수사항

채용시험의 가점 의무 (제31조제1항)	• 취업지원 실시기관이 채용시험 실시하는 경우 취업지원 대상자의 점수에 취업지원 대상자별 만점의 10% 또는 5%를 가점하여야 함.
우선고용 의무 (제33조의2제1항)	• '제30조제2호에 해당하는 취업지원 실시기관'*은 전체 고용인원의 3% 이상 8% 이하의 범위에서 대통령령으로 정하는 대상업체별 고용비율 이상으로 취업지원 대상자를 우선 고용해야 함. * '제30조제2호 해당 취업지원 실시기관'이란 일상적으로 하루에 20명 이상 고용하는 공 · 사기업체 또는 공 · 사단체를 의미함. (단, 대통령령으로 정하는 제조업체로서 200명 미만 고용 기업체 제외)
보훈특별고용 (제34조제1항 · 제2항 · 제3항)	• 국가보훈처장은 고용비율 미달 업체에게 취업지원 대상자를 복수로 추천하여야 하며, 추천받은 업체는 추천받은 사람 중에서 고용대상자를 선택, 국가보훈처장에게 통보함. • 국가보훈처장은 취업지원 대상자를 대통령령으로 정하는 바에 따라 업체 등에 고용을 명할 수 있음. → 정당한 사유 없이 고용 명령 미이행 시 5백만원 이하의 과태료
취업지원 대상자 차별대우 금지 (제36조제1항 · 제2항 · 제3항)	• 취업지원 실시기관은 취업자 대상 직급 · 보직 · 승진 · 승급 등 모든 처우에서 채용의무에 따라 채용한 것을 사유로 불리한 대우 금지. • 차별대우 인정 시 국가보훈처장은 시정을 요구할 수 있고, 시정을 요구받은 취업지원 실시기관은 시정조치 후 그 결과를 국가보훈처장에게 통보하여야 함. → 시정요구 미이행 시 3백만원 이하의 과태료

채용
All in One

제6장

면접 관리

6-1 똑똑한 그들이 '기생충'을 막지 못한 이유는?

가족 모두가 백수인 '반지하네 가족'의 4수생인 아들은 대학생으로 신분을 속이고 부잣집의 과외교사가 된다. 이 기회를 발판으로 미션 임파서블 속 영국 첩보국 'MI6'에 버금가는 용이주도한 사기극을 펼치며 막내아들의 미술교사로 여동생을, 운전기사로 아버지를, 가정부로 어머니를 취업시키는데 성공한다. 가족 모두가 부잣집에 기생하게 된 것이다. 부잣집네 가족이 1박 2일 여행을 떠난 사이 가족 파티를 열다 음모로 쫓겨난 입주 가정부의 초인종 소리를 들으며 그들보다 더 아래층 '지하실 가족'의 존재가 밝혀지게 된다. 영화 '기생충'이 스토리이다. 작품 속 의미가 풍성한 영화답게 관객들은 갖가지 해석을 나누며, 지난 경험, 일과의 접점을 이야기한다. 성공하고 똑똑한 그들이 '기생충'을 막지 못한 이유는 무엇일까?

01. 잘못된 채용으로 인한 폐해

영화 속 '반지하네 가족' 딸 기정은 PC방에서 오빠의 대학 재학증명서 위조문서를 뚝딱 만들어 온다. 이를 본 아버지 기택은 "서울대에 문서위조학과 없냐?"라고 칭찬을 하고, 위조한 서류로 부잣집 과외교사 자리를 차지한다.

현실은 어떨까? 2000년대 초 만해도 조직에서는 입사지원자의 이력서를 전적으로 믿었다. 함께 제출한 증빙서류가 위조되었을 것이라 상상하기는 쉽지 않았다. 하지만 2007년 나라를 떠들썩하게 만든 학력위조 논란은 한국 사회 전체를 몸살 앓게 한다. 최근에도 취업난으로 졸업증명서와 성적증명서 위조가 끊이지 않고 있다. 위조 문서로 취업한 경우, 형법상 문서위조죄, 위조문서행사죄 그리고 업무방해죄가 성립한다. 문서를 위조한 이도 문서위조죄의 공범으로 처벌된다. 회사는 근로계약을 취소할 수 있고, 손해배상을 청구할 수도 있다. 잘못된 채용으로 발생하는 손실의 규모는 얼마일까? 미국의 한 연구소의 연구결과에 따르면 고위직 임원급을 잘못 채용할 경우 그로 인한 기회비용은 연봉의 24배라고 조사되었다. 여기에 모럴 해저드와 사기저하까지 감안하면 잘못된 채용으로 인한 손실은 실로 엄청나다.

02. 촘촘한 채로 고운 가루만을 남겨야

채용담당자라면 눈부신 경력과 화려한 언변에 넘어가 경력사원을 채용한 후 부적합한 인력임을 나중에야 깨닫고 후회한 경험이 있을 것이다. 필사적으로 입사하려는 지원자만큼이나 채용담당자는 중무장을 해야 한다.

첫째, 평판조회를 강화하자.

최근 '평판조회(Reference Check)'가 중요한 채용도구로 강조되고 있다. 또 다른 접근을 통해 놓칠 수 있는 정보를 파악할 수 있다는 장점이 있다. 면접관의 역량 구조화 수준이 낮은 경우 평판조회를 보완하여 채용과정의 신뢰도를 높일 수 있다. 평판조회는 담당자의 역량에 따라 결과의 신뢰도가 달라진다. 지원자의 주변인과 대화를 통해 진행되므로 이 과정에서 느껴지는 심리적인 요소를 노련하게 간파할 수 있어야 한다. 직무와 연계된 평판조회가 진행되어야 한다. 개인적인 성향과 단점을 들춰내기 보다는 조직이 필요로 하는 '직무수행자로서의 적합성'을 최우선시 해야 한다. '완벽한 사람'을 검증한다기보다 '조직과 직무에 최적임자'를 찾는 과정이어야 한다.

단, 개인정보보호의 프레임으로 평판조회를 살펴보자. 입사지원자 입장에서는 타사 입사지원 사실이 비밀로 유지되리라는 기대가 있고, 만일 내·외부로 알려지게 된다면 직·간접적인 이슈가 발생될 수 있다. 채용담당자는 입사지원자에게 단계별 전형과정에서 평판조회가 진행된다는 사실에 대해 사전동의를 받아야 한다.

둘째, 준비된 면접관을 만들자.

면접관의 역할은 제한된 시간동안 효과적인 질문을 던지고 이 과정을 통해 지원자가 보유한 가치와 역량을 파악하는 것이다. 면접은 어떻게 진행되어야 할까?

먼저, 구글의 면접방식을 살펴보자. 구글의 면접은 최대 10차례 진행된다. 인사담당자의 질문으로 진행되는 전화면접은 1차 면접이다. 2차 면접은 엔지니어, 3차 면접도 또 다른 엔지니어와 진행된다. 구글이 만든 질문리스트 중에서 채용직종에 해당하는 질문을 묻는 방식이다. 동일한 질문으로 진행하여 면접결과 비교를 용이하게 한다. 채용담당자는 면접관이 작성한 면접보고서를 검토한 후 채용대상자를 최종 확정한다.

국내 회사의 사례를 돌아보자. 일반적으로 사업부문의 직책자나 임원을 면접관으로 선발하는 경우가 많다. 이력서도 살펴보지 않은 상태에서 면접장으로 들어가는 경우도 흔히 볼 수 있다. 면접관은 1년에 한두 번 면접에 참여하기 때문에 전문성이 떨어지고, 입사지원자의 화려한 언변과 경력에 현혹될 여지가 있다. 이를 보완하기 위해서는 직무 수행에 필요한 역량과 각 역량이 요구하는 수준을 구조화하여 정형화된 질문을 개발해야 한다.

최근 행동사례면접(Behavior Events Interview) 방식이 많이 활용되고 있다. 과거 특정한 상황의 행동을 통해, 가까운 미래에 유사한 상황이 발생할 경우의 성과를 예측할 수 있으리라는 기대가 담겨있다. 행동사례면접을 통해 핵심역량을 파악하기 위해서는 상황, 과제, 행동, 결과의 4단계 질문이 필요하다.

03. 채용담당자는 '냄새'에 민감해야

이 영화에서 결말을 파국으로 몰아가는 요인은 '냄새'다. 감독의 말대로 '부자와 가난한 자가 서로 냄새를 맡을 수 있을 만큼 가까운 거리에서 서로의 선을 아슬아슬하게 침범하는 이야기'이다. 채용에 빗대어 보자. 채용담당자는 입사지원자가 지원서를 제출하기 전까지는 서로를 인지할 기회가 없다. 하지만, 입사지원서를 제출하는 시점부터 지원자와 채용담당자는 서로의 체취를 나눌 수 있게 된다. 인사담당자라면 그 사람이 어떤 사람인지 파악할 수 있도록 '사람 냄새'에 민감해야 한다. '직업적인 육감'뿐만 아니라 도구(평판조회 프로세스)와 지원군(면접관)으로 후각의 민감도를 셰퍼드 수준으로 높여야 한다.

이 영화의 감독은 '봉테일'이라는 별명을 얻을 만큼 등장인물의 이름조차도 함부로 짓지 않았다.('기생충'이라는 제목에 맞춰 기택네 가족 이름에는 모두 '기'자와 '충'자가 들어간다. 아버지는 기택, 아들과 딸은 기우와 기정, 부인은 충숙이다.) 채용담당자는 봉테일 만큼 촘촘한 채용 프로세스를 구축하기 위해 시간과 공을 들여야 한다.

"당신이 채용에 5분밖에 시간을 쓰지 않는다면, 잘못된 채용으로 5,000시간을 쏟아 붓게 될 것이다."

피터 드러커(Peter Ferdinand Drucker, 1909~2005)는 채용의 중요성을 한마디로 요약했다. 채용담당자의 책상 정중앙에 단단히 붙여 놓아야 할 격언이다.

6-2 AI 면접, 도입할까?

01. AI 면접은 확산되고 있다.

미국 드라마 '라이 투 미(Lie To Me)'에서는 1초 이내의 짧게 지나가는 미세한 표정이나 반응 등을 보고 상대가 거짓말을 하거나 숨기는 것이 있다는 것을 알고 사건을 해결하는 장면이 등장한다. 뇌의 감정 센터의 순간적인 반응으로 나타나는 미세한 표정 변화는 숨기기 어렵다.

'공정한 채용'이 강조되는 트랜드에 편승하여 'AI 면접'이 인사담당자들의 관심을 끌고 있다. AI를 활용한 면접은 시간과 공간의 제약 없이 응시가 가능하고 직무 중심의 객관적이고 공정한 채용을 지원한다는 인식이 확산되고 있다.[43] 공공기관과 금융권 채용 비리가 사회적으로 이슈가 된 2018년 국내에 AI 면접이 본격적으로 도입된 이후 이를 채용전형에 활용하는 기업과 단체는 2020년 하반기 기준 약 400곳이 넘으리라 추산된다. 유튜브에는 AI 역량검사 진단 후기가 넘치고, AI 역량검사 팁을 강의하는 취업학원도 등장했다.

하지만, AI 알고리즘의 문제점을 소개할 때마다 등장하는 아마존의 사례는 인공지능 도입을 머뭇하게 한다. 2014년 아마존은 10년간 취합된 이력서 유형을 기반으로 구직자를 평가하도록 개발된 알고리즘을 채용에 적용했다. 하지만, 이 알고리즘이 여성지원자에게 불리한 결정을 했다는 사실이 발견되었다. 업계가 남성 위주로 구성되었고, 이들이 작성한 구직서류를 인공지능이 학습한 결과였다. 결국 아마존은 AI 채용을 중단했다. 아래에서는 AI 면접 방식을 살펴보고, AI 면접의 장점과 문제점을 살펴본다.

43) 잡매칭 플랫폼 잡플렉스(JOBFLEX)가 2020년 7월 취업준비생 745명 대상으로 진행한 설문조사에 따르면 2020년 취업 준비생들이 꼽은 채용 트랜드 1위로 AI 채용(AI 면접, AI 역량검사 등)이 꼽혔다.

02. AI 면접은 어떻게 진행되나?

AI 면접은 인당 면접 시간을 10분에서 60분 내외로 확대하여 입사지원자의 역량과 인성 검증 시간을 확보하고, 필수 역량, 인성 및 가치관에 대한 구조화된 질문을 통하여 맞춤형 인재 선발을 돕겠다는 의도로 개발되었다.

그렇다면 AI 면접은 어떻게 진행될까? 우리나라에 AI 면접을 가장 먼저 도입한 A사의 AI 면접 프로그램을 살펴보자. 인터넷과 웹캠, 스피커, 마이크가 구비된 컴퓨터가 있다면 지정된 기간동안 시간과 장소의 제한 없이 응시 가능하다.

검사의 시작은 AI가 자기소개·장단점·지원동기를 묻고 지원자가 이에 답하는 방식이다. 다음은 성향검사, 문항을 보고 체크하는 방식의 검사로 170여 문항을 10문항씩 한화면에 보여주고 60초 이내 풀도록 한다. '재미없는 일은 꾸준히 하기 힘들다' 등이 질문으로 나온다. 이어 상황대처 질문이 나온다. 직무 상황 또는 조직 생활 중 발생 가능한 상황과 조건을 제시하는 질문으로 구성된다. 다음 단계의 '보상선호'와 '전략게임'에서는 마우스와 키보드를 빠르게 활용하는 시험이다. '공 옮기기', '도형 위치 파악하기' 등이 질의 내용이다. 마지막은 앞서 진행된 면접에서 분석된 내용에 기반한 심층면접이다. 예컨대, '곤란한 상황에서 타인에게 어떻게 대처해야 하나?'와 같은 질문이 주어진다. 면접을 마치면 AI는 진단 항목별 등급과 종합적인 평가 등급을 제시한다.

A사의 AI 게임 예시[44]

공 옮기기(하노이 탑)

▶ 기둥에 각기 다른 모양의 공이 꽂혀져 있습니다.
▶ 응시화면에서 왼편에 제시되는 <예시> 와 같도록 공을 옮기면 됩니다.
▶ 공은 대기 장소에서 둘 수 있으며 한 번 옮긴 공은 다시 옮길 수 없습니다.
▶ 공의 이동 가능 횟수는 정해져 있으며 횟수를 초과하거나 공 옮기기가 완료되면 다음 문제로 이동합니다.
▶ 위의 내용을 완전히 이해했으면, 게임을 시작하세요.

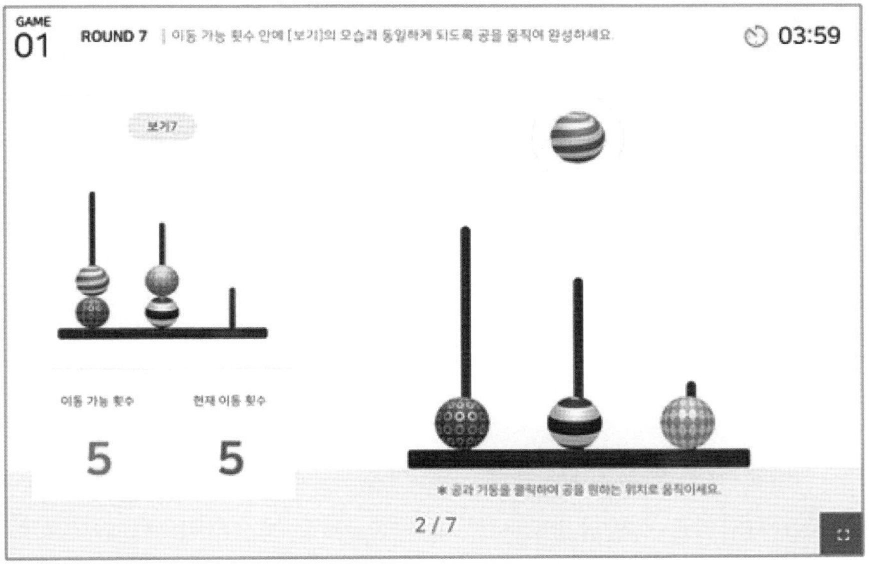

03. AI 면접을 도입하자는 주장

AI 면접 도입의 장점은 무엇일까? 첫째, 입사지원자와 회사 모두의 시간과 비용을 절약할 수 있다. 입사지원자 입장에서는 익숙한 환경에서 면접에 참여하게 되어 긴장을 완화할 수 있다. 교통비, 숙박비, 면접 복장, 화장, 헤어 비용 등의

44) A사의 홈페이지를 참고하였다.

시간과 비용을 절약할 수 있다. 회사 입장에서는 면접장소 대관, 면접비 지급, 진행요원 섭외 등의 부담도 덜 수 있다. 개발업체의 자료에 따르면 인공지능이 자기소개서 1건을 평가하는데 소요하는 시간은 평균 3초이고, 1만명의 자기소개서 평가 시 8시간이면 마무리할 수 있다고 한다. 공개채용 진행을 채용담당자 1명이 단축된 시간동안 진행할 수 있다는 계산이 나온다.

둘째, 우수인재 선발 가능성을 높일 수 있다. 기존에는 면접 인원의 현실적 제약 때문에 입사지원자 중 상당수를 서류심사에서 탈락시켜야 했다. 하지만, AI 면접을 활용하면 지원자 전원을 대상으로 온라인방식의 AI 면접을 볼 수 있다. 특히 AI 면접은 코로나 바이러스 확산에 대응한 '언택트' 트랜드에 적합한 면접 방식이다.

셋째, 면접과정이 객관적이고 공정하다. '사람' 면접위원이 면접을 보는 경우 주관적 견해가 들어갈 여지가 있지만, '인공지능' 면접위원은 객관적이고 일관된 기준으로 모든 입사지원자를 평가한다.

넷째, 회사의 이미지 제고에 도움이 된다. '첨단기술을 활용하는 트랜디한 회사', '공정하고 편견 없이 채용하는 조직'이라는 평판을 얻을 수 있다.

04. AI 면접 도입, 아직은 시기상조라는 주장

첫째, 아무리 기술이 발달해도 사람의 인격, 개성, 감성은 수량화와 예측이 불가하다. 인공지능이 발달할수록 개인이 가지는 고유한 개성은 오히려 더욱 중요하다. 뛰어난 스펙과 언변을 가진 지원자보다 꾸준히 성실성을 보이는 지원자가 조직에서 큰 역할을 하는 경우가 비일비재하다. AI 면접은 주어진 데이터를 기반으로 채용여부를 결정하는 방식이다. 이 때문에 향후 잠재적인 성장가능성을 놓칠 우려가 있다.

둘째, 다수의 구직자가 면접에서 답한 면접영상을 다수의 면접관이 나눠 평가한다. 지원자가 답변하는 동안 시각적으로는 안면인식 기술을 활용하여 입사지원자의 얼굴근육, 표정, 감정을 실시간으로 분석하고, 청각적으로 음색, 답변속도 등을 분석한다.[45] 결국 이어진 영상이 아닌 분절된 영상으로 학습한 표정과 태도를 분석한 결과이다. 하지만, 사람마다 성격만큼이나 다양한 표정을 가지고 있고, 쪼개진 영상 속 표정과 태도를 상황과 맥락의 이해 없이 판단하는 것은 무리가 있다는 의견도 만만치 않다.

셋째, '전략게임'은 게임에 참여하는 과정에서 보이는 반응을 뇌신경과학을 통해 분석된 역량을 평가하는 방식이다. 하지만, 신입 채용에 맞춰 개발된 프로그램이기 때문에 연령이 높아질수록 좋지 않은 결과가 나온다. 더욱이 키보드와 마우스 작동이 빠르지 않은 중장년에게는 쉽지 않은 검사이다.[46)]

넷째, 개인정보 유출도 우려된다. AI 면접과정에서 취합된 데이터가 저장이 되면 개인정보 침해로 이어질 여지가 있다. 이를 방지할 법률과 제도 구축이 시급하다.

다섯째, AI 역량검사의 공정성과 신뢰성 측면에서는 검증이 어렵다. 채용담당자 입장에서는 인공지능의 역량검사 결과를 검증할 수 없기 때문에 업체를 믿는 것 말고는 사실상 방법이 없다.[47)]

여섯째, 면접 소요시간이 단축되었다는 측면에 대해서도 의문이 있다. 입사지원자가 질문과 무관한 답변을 하여도 걸러지지 않아 영상 확인에 적지 않은 시간이 들어간다는 의견이 있다.

AI 면접을 경험한 채용담당자간에도 AI 면접 도입에 대한 논란은 뜨겁다. 업체는 AI가 "사람의 채용을 돕는 역할에 그친다"라고 홍보하지만, 어느 정도로 활용할지는 회사가 결정해야 한다.

---

45) 한겨레21, "투명성·공정성·신뢰성…AI 면접 믿을 만할까?", 제1335호, 2020.10.23.
데이터가 생성되는 과정은 다음과 같다. 구직자 3천 명의 동의를 얻어 3개 질문의 답변 영상을 녹화하고(영상 9천 개), 질문 답변을 6개로 나누고,(영상 54만 개), 면접전문가 3명에게 영상과 음성을 보여주고(데이터 162만 개), 면접전문가는 6개 항목별 평가하고, 평가결과를 얼굴의 68개 지점에 대한 변화 유형으로 학습시킨다.(데이터 1억 1016만 개)

46) 한겨레21, "투명성·공정성·신뢰성…AI 면접 믿을 만할까?", 제1335호, 2020.10.23.

47) 2020년 10월 22일 국회 국토교통위원회의 인천국제공항공사 국정감사에서 "구체적인 검증 없이 AI 채용 프로그램을 도입한 것 아니냐"는 지적에 인천국제공항공사 사장 직무대행은 "사실 생각해보지 못한 부분을 인정하고, 보완하겠다"라고 말했다. 또한, 인천국제공항공사는 심상정 정의당 의원에게 제출한 자료에서 "실제 면접 결과의 일치 여부와 면접 데이터로서의 효용성 측면에서 소요 비용 및 노력 대비 면접위원의 피드백이 긍정적이지 않은 것으로 판단한다."라고 밝혔다.

'렉서스와 올리브 나무'의 작가이자 퓰리처상 수상자인 언론인 토머스 프리드먼(Thomas Friedman)은 "인간이 인공지능을 똑똑한 보조자로 잘 활용하는 역량이 중요해졌다."라고 말했다. 결국 AI 면접 데이터의 객관적이고 다양한 분석 자료는 충분히 활용하면서 인공지능의 완성도가 높아지기 전까지는 보조자료로써 활용하는 절충안을 생각할 수 있을 것이다.

6-3 결국은 면접, 면접의 전문성을 높이자.

해마다 면접 방식이 다양해지고 있다. 혹자는 AI 면접 도입으로 '인간 면접관'의 역할이 축소되리라 예상한다. 하지만 인공지능의 영역이 증가하더라도 결국 누구를 뽑을지에 대한 최종 결정은 사람이 해야 한다. AI 면접 기술이 발전할수록 인공지능이 따라올 수 없는 사람을 판단하는 '촉'은 더욱 중요한 역량이 될 것이다.

공정하고 객관적인 시각을 유지하고, 판단의 일관성을 유지하는 면접관의 역량은 중요하다. 면접의 절차, 방식, 기준을 개선하더라도 면접관이 제대로 활용하지 못한다면 무용지물이다. 면접관의 전문성 강화방안을 검토한다.

01. 면접관 자격 Pool을 구축한다.

기존에는 '오랜 기간 근속하고 애사심이 높은 고참 부장'을 면접관으로 선정하였다. 앞으로는 면접을 할 수 있는 필요한 자격을 갖췄는지 살피고 그들만이 면접장에 들어가도록 해야 한다. **첫째,** 면접관의 태도를 살펴본다. 면접관으로서 기본 자질인 '배려심'을 갖췄는지 확인해야 한다. 고압적인 태도로 입사지원자들이 대답하기 어려운 분위기를 조성하는 면접관이 있다. 입사지원자들의 의견을 적극적으로 경청하고 예우한다면 면접분위기 자체가 바뀐다. **둘째,** 면접관 교육 이수를 필수자격조건으로 하고, 교육 이수자에 한하여 면접관 자격을 부여한다.[48]

---

48) '면접위원 인증제'를 운영하고 있는 A사의 경우, 매년 인증과정을 거치며 면접위원 Pool의 순도를 유지한다. 입사 7년차 이상의 구성원에게 면접위원의 자격을 부여하고, 우선 '부면접위원' 인증과정을 거치고, 면접 경험이 3회 이상이 되면 '주면접위원'의 자격을 얻는다. 실습평가 결과를 반영하여 Pool의 In & Out이 결정되고 매년 20%가 Pool에서 탈락한다.

02. 목표역량을 구체화한다.

'역량(Competency)'이란 조직의 고성과자가 업무 수행과정에서 발휘하는 차별적 행동 특성을 의미한다. 조직의 핵심가치를 담은 '공통역량'과 직무수행능력을 검증할 수 있는 '직무역량'을 정한 후 역량별 행동기준을 구체화한다. 단순 5단계 척도 면접평가표는 면접관 개인의 주관이 개입될 여지를 크게 한다. 면접관별 역량수준을 판단하는 기준의 차이를 최소화하기 위해 각 등급별 판단근거가 되는 구체적인 행동기준을 제공해야 한다.

역량별 행동기준 평가표('고객서비스 역량' 예시)

등급	행동기준 정의
탁월함 (5점)	• 항상 고객의 니즈 충족에 성실하고 진실된 노력을 기울임. • 여러 명의 고객을 동시에 보살필 수 있음.
기준초과 (4점)	• 고객을 보살피는 일과 고객의 니즈 충족에 성실한 관심을 보임.
기준만족 (3점)	• 고객의 니즈 충족에 관심을 보이며, 일반적으로 만족스러운 서비스를 제공함.
기준 이하 (2점)	• 고객의 니즈가 있을 때만 고객을 도움. • 고객의 니즈 충족을 위한 노력에 서투름.
불만족 (1점)	• 고객을 보살피는데 관심이 부족함.

03. 면접실습 정한 후 교육을 강화한다.[49]

면접관의 역할은 질문을 통해 대상자의 역량, 경험, 인성을 파악하는 과정이다. 이를 위해서는 **첫째**, 면접관에게 역량 검증이 가능한 면접질문 Pool을 제공한다. 주제별 다수의 질문 문항 중에서 어떤 질문을 할지는 면접관이 짧은 시간동안 결정해야 한다. 하나의 역량을 묻더라도 입사지원자의 전공, 경험 등에 따라 다른 방식으로 물어야 하기 때문이다.

둘째, 질문을 잘하려면 연습을 해야 한다. 입사지원자 중 일부는 너무 긴장한 나머지 자신의 모습을 충분히 보여주지 못하는 경우가 있다. 답변이 충분하지 못한 지원자의 답변을 이끄는 것 역시 면접관의 역할이다. 질문을 할 때에는 구체적인 사례를 물어야 한다. 답변이 명확하지 않은 경우 추가질문을 하여 지원자의 완성된 답변을 유도해야 한다. 면접관은 면접실습 교육에서 면접방식, 질문기법, 질문공식을 충분히 익혀야 한다.

셋째, 면접에 대한 신뢰할만한 결과물을 만들어야 한다. 면접기준에 맞는 면접평가를 하고, 동일한 입사지원자에 대해서는 면접관이 다르더라도 균등한 결과가 나와야 한다. 면접평가 실습과정을 통해 면접관별 평가성향을 보정할 수 있는 실습기회를 가지고 이를 통해 면접기준에 따라 일관성 있게 평가하는 연습을 해야 한다.

넷째, 모의면접을 통한 실습이 이뤄져야 한다. 면접관 교육 대상을 면접그룹, 입사지원자그룹, 관찰그룹으로 나눠 3가지 역할을 번갈아가며 해보고 서로 피드백을 받는다. 세 가지 역할을 맡는 실습 과정에서 배운대로 실천하는 학습자와 과거의 습관을 버리지 못하는 학습자가 구분된다.

---

49) 매년 '면접관 교육'을 실시하고 있는 B사의 경우 면접관 실습과정 수료를 의무화 하고 있다. 채용전문업체 강사를 초빙하는 전일 과정의 교육은 면접유형 및 면접방식의 이해, 면접위원의 자세, 면접사례로 구성된다. 모의면접 실습을 통해 입사지원자의 자기소개서 항목별 질문유형을 뽑아내고 질문을 훈련한다.

04. 면접관에게 인센티브를 부여한다.

면접관으로 선임된 구성원이 면접에 참여한다는 것은 본래의 업무 외에 부가적인 일을 맡는 것이다. 그러므로 조직에 기여한 면접관 스스로가 자부심을 느낄 수 있는 '인정(Recognition)' 제도가 무엇보다 필요하다. 평가 가점 및 승진 시 인센티브 부여방안을 검토할 수 있다.

6-4 면접 오류의 유형은 무엇인가?

01. "낯선 사람은 쉽게 알 수 없다"

말콤 글래드웰은 저서 '타인의 해석'에서 낯선 사람을 대할 때 흔히 저지르는 오류를 짚어냈다. 우리가 낯선 사람을 만날 때 우리는 몇 가지 단서를 보고 타인의 마음을 볼 수 있다고 생각한다. 하지만, 사람에 대해 알 수 있다고 생각하는 시점부터 문제가 발생하고, 그로 인한 피해가 크다는 점을 지적한다. 상대방이 하는 거짓말을 눈치챌 수 있다고 믿지만 사실 우리는 타인을 파악하는데 서투르다. 스파이의 정체가 탄로 나는데 십수 년이 소요되고, 피의자를 직접 만난 판사보다 기록만으로 판단한 인공지능이 보석 여부를 판단하는데 정확도가 높았다는 사실은 이를 뒷받침한다.

히틀러에 관한 평가의 사례도 재미있다. 세계 2차 대전 발생 전 히틀러를 세 차례 이상 만난 연합군의 체임빌런은 그에 대해 긍정적인 평가를 내렸다. 반면 히틀러와 직접 대면할 기회가 없었던 윈스턴 처칠은 그의 글을 통해 선동성과 폭력성을 간파했다.

이렇듯 타인을 직접 만났다고 정확하게 판단하기는 결코 쉽지 않고, 사람을 평가하는 활동은 매우 주관적이 될 수 있다는 사실을 지적한다. 채용전형에서 면접은 '결국 사람이 하는지라' 오류가 발생할 여지는 남아있다.

02. 채용면접오류의 유형은 무엇인가?

첫째, 자신만의 기준에 의해 질문하는 오류

자신이 가진 선입관을 뒷받침하는 근거만 수용하고, 자신에게 유리한 정보만 선택적으로 수집하는 현상을 '확증편향(Confirmation Bias)'이라 한다. 자기가 보고 싶은 것만 보고 믿고 싶은 것만 믿는 현상이다. 면접관 자신이 선호하는 특성을 가진 입사지원자의 모든 답변을 긍정적으로 판단하는 오류를 저지른다. 예컨대 '영업직 지원자는 말을 잘해야 하고, 말을 잘하면 영업도 잘하리라는 기대'

가 대표적이다. 하지만 영업의 성공요인은 '말'이 아니라 '활동력'이다. 면접에서 지원자를 평가할 때 강한 편향이 나온다면 회사가 애써 준비한 평가기준은 쓸모없게 된다. 면접관으로 선정된 구성원은 자신이 가진 판단기준을 버리고 면접 매뉴얼에 따라야 한다.

둘째, 사실 확인이 불가능한 질문을 하는 오류

예컨대, 경력직 인사담당자 채용 면접을 가정해 보자.

- (생각 질문) 현재 재직하고 계신 회사의 고용브랜드 이미지는 무엇이라 생각하십니까?
- (의지 질문) 우리회사에 입사하신다면 인사제도 전반을 개편해야 하는데 가능하시겠습니까?
- (가정 질문) 상사가 채용절차법에 어긋나는 채용 지시를 한다면 어떻게 하시겠습니까?

이와 같은 질문은 입사지원자가 면접관의 의도에 맞게 답변을 포장할 수 있고, 사실 확인이 불가능하다. 역량 확인을 위해서는 경험 질문으로 전환해야 한다.

- 현재 재직하고 계신 회사의 고용브랜드 개선을 위한 노력은 무엇이었나요?
- 재직하고 계신 회사의 인사제도를 개편한 경험이 있다면 무엇이었나요?
- 상사의 불합리한 지시에 대응한 실제 사례가 있다면 무엇이었나요?

셋째, 브레인티저(Brainteaser)를 하는 오류

예컨대, "서울 시내에 주유소가 총 몇 개나 있을까요?", "보잉 747 여객기에 골프공이 몇 개나 들어갈까요?", "마법으로 당신을 동전만 하게 만들어 믹서에 넣는다면 어떻게 탈출할 건가요?" 등의 질문을 하는 경우가 있다.[50] 이와 같은 브레인티저 질문은 면접관에게 자만심만 건넬 뿐, 지원자의 진정한 능력은 평가절하한다. '압박면접'으로 이어져 입사지원자의 감정을 상하게 할 뿐만 아니라, 고용 브랜드에도 악영향을 미친다.

---

50) 라즐로 복, 「구글의 아침은 자유가 시작된다」, 알에이치코리아, 2015.5.6, 152면.

넷째, 최근의 성과에 큰 의미를 부여하는 오류

경력직 채용 시 직전 조직에서 진행된 성과에 대해서만 집중적으로 평가하는 경우이다. 하지만, 개인의 역량발휘는 그동안의 조직과 직무에 걸쳐 꾸준하고 일관되게 나타난다. 가장 최근에 몸담았던 조직뿐만 아니라 과거의 업무 방식과 성과에 대해서도 폭넓게 평가해야 한다.

다섯째, 첫인상으로 평가하는 오류

오류가 많은 면접관들은 입사지원자의 첫인상만으로 평가를 결정한다. 첫인상으로 대상자의 내면까지 평가하는 이른바 '첫인상 불변의 법칙'의 원인은 면접시간이 지나치게 짧기 때문이다. 만일 3명의 면접관이 3명의 입사지원자를 30분 동안 평가해야 한다면 한사람을 판단하는 시간은 10분이다. 짧은 시간동안 지원자를 판단해야 하는 면접관들은 첫인상의 시각적 효과에서 벗어나기 쉽지 않다.

여섯째, 판단을 보류하는 오류

면접관 A부장은 면접장에 들어가서 면접을 볼 때마다, 중간점수로 평가하기로 유명하다. "딱히 좋은 점수 주기도 그렇고, 그렇다고 떨어지는 사람도 없는데… 그냥 적당히 점수를 주자"라는 생각으로 판단하는 것이다. 이를 보완하기 위해서는 대상자가 답변할 때마다 메모하고, 면접 매뉴얼을 기준으로 항목별로 각각 판단해야 한다.

일곱째, 면접관이 자문자답을 하는 오류

전문성에 대한 자부심이 강한 베테랑 면접관에게 나타나는 오류이다. 입사지원자가 질문에 대해 답변을 하려는 순간 면접관이 끼어들어 자문자답을 하며 스스로 교수로 착각하는 모습을 보이는 경우다. "이런 문제는 내가 수없이 겪어봐서 아는데 말이지…", "왜 이런 질문을 하는지 자네는 아는가? 왜냐하면 말이지…" 이런 오류가 넘치는 면접장에는 객관성과 타당성이 떨어질 수밖에 없다.

여덟째, 압박면접방식의 오류

신입사원의 조기퇴사자가 늘어나는 상황에서 '오래 버틸 수 있는 인재'를 뽑겠다는 열망에서 활용하는 면접 방식이다. 창의성을 가진 인재보다는 조직에 대한 충성심이 있는 사람을 채용하겠다는 욕심에서 입사지원자들이 답하기 곤란한 질문을 던지며 입사지원자의 태도를 평가한다.

하지만 의도와 달리 압박면접은 입사지원자 입장에서는 인신공격으로 받아들일 수 있다. 더 큰 문제는 다수의 입사지원자들을 회사의 '안티'로 만들고, 취업준비생 면접 경험담 공유 사이트에 '어느 회사에서 면접을 봤는데 이런 황당한 경험을 겪었다'는 글이 올라가는 등 회사의 이미지에 타격을 입힐 수 있다.

아홉째, 집단토론방식의 오류

가상의 상황을 설정하고, 면접대상자를 2개의 집단으로 나눠 입사지원자의 역량을 평가하는 방식이다. 논리력, 표현력, 커뮤니케이션능력 등을 종합적으로 평가할 수는 있지만, 실행력을 평가하기는 쉽지 않다. '이론에는 강하지만 실행력이 약한 자'가 높은 점수를 얻을 가능성이 많다.

03. 면접관의 평가 오류를 줄이고자 한다면?

첫째, 'A급 면접관이 A급 인재를 알아본다' 면접관 스스로 본인의 면접평가면접 역량을 높이도록 노력한다. 채용담당자는 면접관 Pool을 관리하고 활용 가능한 면접 매뉴얼을 제공한다.

둘째, 채용활동은 회사의 현재와 미래의 고객을 직접 만나는 '중요한 행사'라는 점을 명심해야 한다. 면접지원자 모두에게 자사를 홍보하는 시간이라 여겨야 한다.

셋째, 면접장에 들어가는 면접관은 역할분담을 해야 한다. A면접관은 핵심가치, B면접관은 직무 능력, C면접관은 커뮤니케이션 능력을 평가하는 방식으로 차별화된 시각을 견지한다. 면접관을 홀수로 편성하여 타협을 방지한다.

넷째, 면접관은 지원조직 구성원과 현업 구성원을 모두 포함시켜야 공통 역량과 직무 역량을 함께 살펴볼 수 있다. 최종 종합 평가시에는 면접관 모두의 의견을 공유한다.

마지막으로 가장 조심해야 할 계층은 인사를 오래한 사람들이다. 그들이 말하는 '작년에도 이렇게 했었다', '다른 회사도 이렇게 한다'라는 변명은 더 이상 통하지 않는다. 작년에는 조용히 넘어갈 사안도 올해에는 이슈가 될 수 있다. 채용을 할 때마다 변화된 시대요구를 반영하여 채용절차를 꼼꼼하게 개선해야 한다.

6-5 구조화된 면접을 활용하자.

01. 첫인상은 위험하다.

중소기업 채용 면접관 10명 중 8명은 면접에서 입사지원자의 첫인상이 면접 결과에 큰 영향을 미친다고 말했다. 면접에서 지원자의 첫인상이 결정되는데 걸리는 시간은 평균 3분 4초에 불과했고, 결정적인 요인은 면접에 임하는 '자세와 태도'라고 답했다.[51)]

채용면접에서 첫인상이 미치는 영향

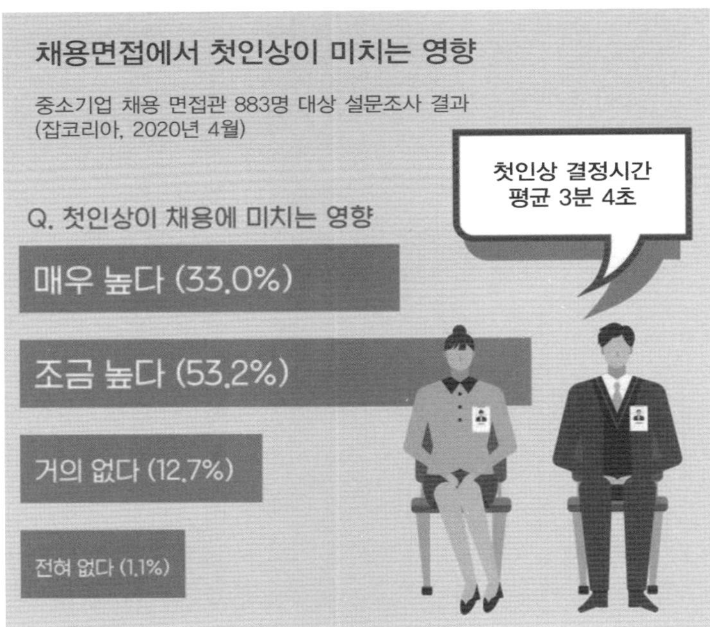

51) 잡코리아가 2020년 4월에 실시한 중소기업 채용면접관 883명 대상의 '채용면접에서 첫인상이 미치는 영향' 설문조사 결과

시중서점에는 '면접에서 첫인상이 중요하다'라는 내용이 담긴 채용면접 가이드가 수두룩하다. 다수의 면접관은 면접시작 '처음 5분'안에 지원자를 평가하고 나머지 시간에는 자신의 판단을 확인하려 한다. 마음에 드는 입사지원자가 있다면 면접 시간 내내 그가 마음에 드는 더 많은 이유를 찾고자 한다. 실험에 따르면 면접 현장에서 지원자를 진정으로 평가하기보다 대상자에 대한 자신의 생각을 확인하려는 경향이 있다. 자신의 믿음과 가설을 확인하고자 정보를 찾고, 해석하고 우선순위를 매기는 경향을 심리학에서는 '확증편향(Confirmation Bias)'이라 한다. 결국 면접시간이 낭비되고 있는 것이다.[52]

면접의 객관성을 확보하기 위해서는 이를 높일 수 있도록 면접 질문을 구체화하고 평가 항목을 세분화해야 한다. 이와 같은 배경에서 '면접의 구조화'가 검토되었다.

02. 구조화 면접이란 무엇일까?

전통적인 면접에서는 면접관이 즉석에서 입사지원자 개개인에게 다른 질문을 던진다. "A씨, 본인에 대해 말해보세요.", "B씨, 본인이 생각하는 강점과 단점은 무엇인가요?" 혹은 "C씨, 어릴 적 꿈은 무엇이었나요?" 이와 같은 면접은 지원자를 종합적으로 판단하기 어렵고, 면접관의 주관이 개입될 여지가 많다.

이를 보완한 구조화 면접은 지원자에게 사전에 정한 질문을 동일하게 묻는다는 점에서 차이가 있다. 구조화 면접을 위해서는 구성원에게 요구되는 역량과 자질을 먼저 정의해야 한다. 입사지원자가 해당 역량과 자질을 보유했는지 여부에 대해 평가할 수 있는 질문과 채점 기준을 사전에 설계해야 한다. 면접장에서는 정해진 질문들을 모든 면접대상자들에게 동일하게 묻고, 점수를 집계할 수 있다. 전통적인 면접방식 대비 객관성을 높일 수 있다.

52) 라즐로 복, 「구글의 아침은 자유가 시작된다」, 알에이치코리아, 2015.5.6, 149면~151면.

전통면접 vs. 구조화면접

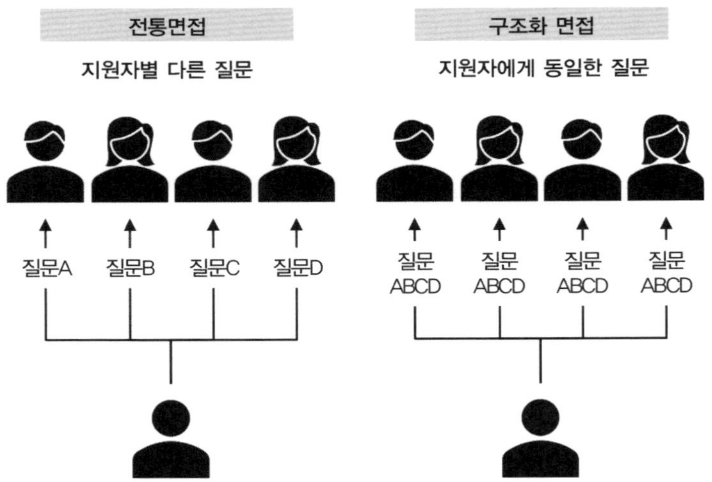

03. 구조화 면접 도입이 어려운 이유는 무엇일까?

전통적인 방식의 면접보다 구조화된 면접 방식이 면접 결과 채점 시 일관성과 객관성, 면접 전반에 걸쳐 공정성 및 업무성과 예측가능성 측면에서 우수하다고 판단됨에도 불구하고 활용되지 않는 이유는 무엇일까?

첫째, 구조화된 면접 질문을 만들기가 쉽지 않다. 여러 질문을 개발하고 수차례 테스트하면서, 면접관들이 질문에서 벗어나지 않도록 해야 하기 때문이다. **둘째,** 질문을 지속적으로 업데이트 해야 하는 어려움이 있다. 면접을 경험한 입사지원자들이 면접장에서 나오자 마자 취업정보 공유사이트에서 족보를 주고 받기 때문이다. **셋째,** 면접관 스스로 자신의 직감을 믿고, 자신은 '사람을 볼 줄 안다'라고 자신하기 때문이다. 결국 열심히 개발한 구조화 면접 질문을 활용조차 못하는 경우가 비일비재하다.

면접질문을 만들고 업데이트 하기가 어렵다는 채용담당자가 있다면 해결책은 인터넷 검색이다. 해당 조직 업종, 직무 그리고 상황에 맞게 응용할 수 있는 구조화 면접 질문은 인터넷에 널려 있다.[53)] 이를 참고하여 활용한다. 또한, 철저한 면접관 교육과 면접관 Pool 관리를 통해 가이드에 따르지 않는 면접관은 즉시 교체해야 한다.

04. 구조화 면접에서 질문유형은 무엇인가?

구조화 면접 질문은 과거의 행동으로 미래 행동을 예측할 수 있다는 전제에서 출발한다. 조각조각의 단편적인 질문이 아닌 구조화된 면접 질문은 업무에 영향을 미친 다양한 요인을 확인할 수 있다. 구조화 면접은 면접관의 질문에 대한 입사지원자의 답변이 서로 맞물리는 '꼬리물기' 방식이다. 질문마다 할당된 채점 기준에 따라 점수를 산정하고, 최종 점수를 합산한다.

꼬리물기식 구조와 면접 방식

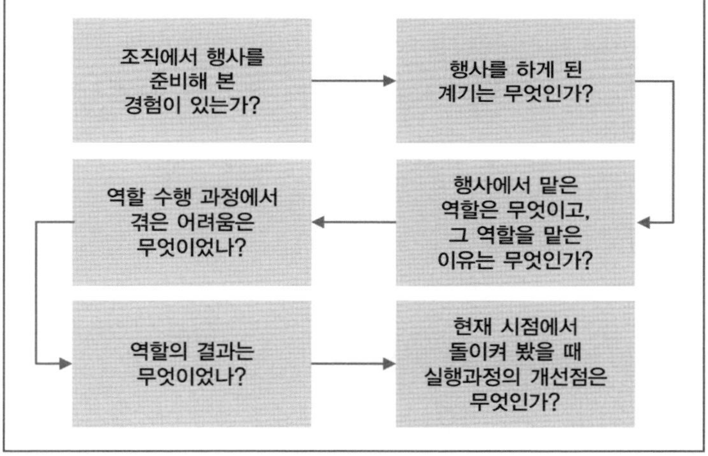

구조화 질문의 유형은 첫째, 경험 질문과 상황 질문으로 구분된다. 경험 질문은 지원자에게 특정 경험을 묻고, 채용 시 맡게 될 직무와 해당 경험과의 연관을 설명하는 방식이다. 성공 경험뿐만 아니라, 실패 경험도 묻는다. 상황 질문은 해당 직무와 관련한 가상의 상황 속에서 "이런 상황이라면 지원자께서는 어떻게 하실

53) 라즐로 복, 「구글의 아침은 자유가 시작된다」, 알에이치코리아, 2015.5.6, 162면~163면.

겁니까?"라고 묻는다. 상황 질문을 통해 입사지원자의 답변 속에서 진실성과 사고 과정을 발견할 수 있다.

둘째, 주 질문과 탐침 질문으로 구분된다. 답변 유도를 위해 주 질문을 던지고, 이에 대한 사실 확인은 탐침 질문에서 이뤄진다. 탐침 질문은 'STAR' 방식으로 진행된다. STAR 방식이란 Situation(상황) - Task(과제) - Action(행동) - Result(결과)를 의미하며 앞선 답변이 사실인지, 검증역량과 관련이 있는지 연속적으로 확인한다.

구조화 면접 - STAR 기법

주질문		탐침질문
과거 행사 진행 과정에서 함께 진행하던 구성원들과 갈등 상황이 있었다면 그 경험에 대해 말씀해 주십시오.	*Situation*	• 해당 상황에 대해 자세하게 말씀해 주시겠습니까?
	Task	• 행사 진행과정에서 본인의 역할은 무엇이었습니까?
	Action	• 구성원간 갈등 해소를 위한 노력은 무엇이었습니까?
	Result	• 그 행동의 결과는 무엇이었습니까?

05. 구조화 면접의 효과는 무엇인가?

첫째, 구조화 면접은 일을 잘할 수 있는 사람을 보다 잘 구분할 수 있다. 전통적인 면접보다 직무성과 예측도가 높다. **둘째,** 면접시간을 단축할 수 있다. 면접관은 높은 수준의 질문, 가이드, 평가척도를 통해 사전 준비를 보다 잘 할 수 있고, 인터뷰 시간은 단축된다. **셋째,** 구조화 면접은 입사지원자의 만족도를 높인다. 구글의 경우 구조화 면접을 받고 불합격한 지원자들은 구조화된 면접을 받지 않은 불합격자 대비 만족도가 35% 높았다.

6-6 입사지원자에게 긍정적인 경험을 선사하자.

01. 입사지원자에게 감동을 준 문자 한 통

지난 2017년 10월 금호석유화학은 하반기 대졸 신입 공채 서류전형심사 결과를 발표하면서 탈락자에게 문자메시지 한 통을 추가하였다.[54] 채용담당자가 보낸 문자는 "서류전형 발표 후 다시 연락드리기 죄송한 마음도 있지만, 귀한 시간 내어 금호석유화학그룹에 지원해주신 분들께 감사 인사는 드리는 것이 예의일 것 같아 연락드립니다. 불편하시다면 죄송합니다. 지원자님께서 부족하고 모자라서가 아닙니다. 더 많은 분을 모시지 못하는 회사의 잘못입니다"라는 내용이었다. 이어서 많은 분을 모실 수 있는 좋은 회사로 성장할 것이며, 지원자들이 원하는 곳에 가길 기도한다며 건강관리에 유의하라고 덧붙였다.

특히, "서류전형 결과 보고 드립니다. 총 4,611명께서 지원해 주셨고, 그 중 760명이 인·적성검사 대상자로 선정되었습니다"라는 서류전형 결과를 공개하며 전형과정의 공정성과 투명성을 알리려 노력하였다. 구직자를 배려하는 모습이 감동적이라는 평가를 받았다.

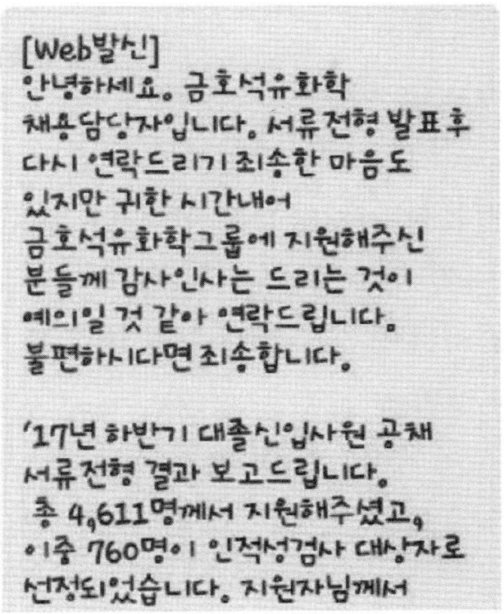

[Web발신]
안녕하세요. 금호석유화학
채용담당자입니다. 서류전형 발표 후
다시 연락드리기 죄송한 마음도
있지만 귀한 시간내어
금호석유화학그룹에 지원해주신
분들께 감사인사는 드리는 것이
예의일 것 같아 연락드립니다.
불편하시다면 죄송합니다.

'17년 하반기 대졸신입사원 공채
서류전형 결과 보고드립니다.
총 4,611명께서 지원해주셨고,
이중 760명이 인적성검사 대상자로
선정되었습니다. 지원자님께서

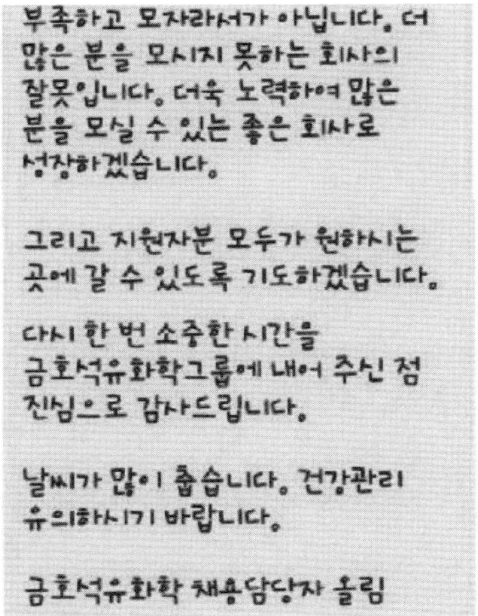

부족하고 모자라서가 아닙니다. 더
많은 분을 모시지 못하는 회사의
잘못입니다. 더욱 노력하여 많은
분을 모실 수 있는 좋은 회사로
성장하겠습니다.

그리고 지원자분 모두가 원하시는
곳에 갈 수 있도록 기도하겠습니다.

다시 한 번 소중한 시간을
금호석유화학그룹에 내어 주신 점
진심으로 감사드립니다.

날씨가 많이 춥습니다. 건강관리
유의하시기 바랍니다.

금호석유화학 채용담당자 올림

---

54) 중앙일보, ""회사 잘못입니다" ○○○구직자에 감동 준 '서류 탈락 문자'", 2017.11.9.

02. 입사지원자의 경험이란 무엇일까?

만일 우리가 샴푸를 사기 위해 마트에 들어간다고 상상해 보자. 매장에 들어가는 순간부터 샴푸의 향, 기능, 가격을 비교하고, 구입하고, 사용하고, 분리수거통에 넣을 때까지 보고, 듣고, 느낀다. 이 과정에서 나와 제품과의 관계, 나와 제조회사와의 상호작용이 발생하는데, 이를 '고객 경험(Customer Experience)'이라고 한다.

'고객'이란 단어를 '입사지원자'로 바꾸면 입사지원자의 지원서가 접수되었다는 이메일을 받는 순간부터 최종 합격통보에 이르기까지 채용회사와 입사지원자간의 상호작용이 발생할 것이고 이를 '지원자 경험(Candidate Experience)'이라 표현할 수 있을 것이다. 채용담당자가 입사지원자에게 긍정적인 지원자 경험을 전달하기 위해서는 어떤 노력이 필요한지 구글(Google)의 사례를 살펴보자.[55]

03. 구글의 '지원자 경험 만들기'

첫째, 입사지원자와의 첫 번째 접촉은 중요하다. 사람과 사람이 만날 때 첫인상이 중요하듯 지원자 경험은 입사지원자에게 처음 연락할 때부터 만들어지고, 회사와 지원자간 '친밀한 관계' 형성에 중요한 역할을 한다. 이를 위해 채용담당자는 먼저 지원자의 이력서를 꼼꼼하게 살펴보고, 이를 바탕으로 구체적으로 질문해야 한다. 회사가 지원자를 존중하고 있다는 느낌이 전달되어야 한다.

둘째, 면접 준비에 대해 입사지원자에게 확실하게 알려야 한다. 구글의 연구결과에 따르면 채용진행 과정에서 입사지원자의 전체적인 만족도를 결정하는 가장 중요한 요소는 면접 절차와 면접관이다. 회사는 입사지원자가 따라야 할 면접 절차를 최대한 단순하게 설계하여 지원자가 면접에 집중할 수 있도록 지원해야 한다. 면접을 안내할 때에는 면접 준비사항(면접 장소, 일시, 복장, 면접장까지 오는

---

55) 구글 리워크(re:Work) 사이트의 채용 가이드(Guide : Shape the candidate experience)를 참조했다. https://rework.withgoogle.com/guides/hiring-shape-the-candidate-experience/steps/introduction/

길), 면접 일정(면접 예상 소요시간, 면접관 인원수, 식사와 휴식 일정), 면접 준비사항(면접 질문 유형, 채용결정 절차 등)을 알려야 한다. 가능한 상세하게 알려야 지원자는 면접 절차가 공정하게 진행된다고 생각하고, 불합격 통보를 받더라도 지원회사를 지지하며, 주변인에게 추천할 것이다.

셋째, 면접진행을 꼼꼼하게 설계한다. 입사지원자별로 면접관을 구성하고, 면접 소요시간표를 만들어 지원자와 면접관 모두에게 효율적인 시간관리를 지원한다. 예컨대, 면접시간이 1시간이라면 소개(7분), 면접관 질문(40분), 지원자 질문(8분), 마무리(5분)로 구성할 수 있다. 지원자에게 '회사에 궁금한 사항이 있으면 질문을 준비해라'라고 알려주어야 지원자가 당황하지 않는다. 구성원들의 일하는 장소 보여주기는 덤이다.

넷째, 개인적인 소통을 위해 지원자의 '이름 부르기'가 효과적이다. '지원자님'이라는 호칭보다는 지원자의 이름을 호명한다. 이메일을 보낼 때에도 이메일 제목이나 내용에 지원자의 이름을 써서 개별적으로 소통한다는 느낌을 전달해야 한다.

다섯째, 채용 과정에서 상황에 변화가 있으면 지원자에게 진정성 있게 즉시 알려야 한다. 예컨대, "안녕하세요. ○○○님. ○○○님의 1차 면접 합격 소식을 알려드리려 전화드렸습니다."라고 연락해야 한다. 전달할 소식이 있으면 소소한 내용이라도 그때그때 정확하게 전달한다. 채용절차의 투명성과 공정성을 높이는 길이다.

여섯째, 최종 결과를 통보할 때에는 개별적으로 연락한다. 합격자에게는 공식적인 입사 제안사항을 담아 이메일로 보낸다. 채용관리자와 면접관에게 최종 합격자를 알리고 개인적으로 연락을 해서 축하하도록 권한다. 불합격자에게는 어떻게 채용이 결정되었는지 설명해야 지원자는 회사에 대한 긍정적인 경험을 갖게 된다. 앞서 언급한 금호석유화학의 안내 방식은 좋은 모델이다.

일곱째, 채용 합격 여부에 대한 통보는 언제하면 좋을까? 오매불망 합격 여부를 확인하고 싶어하는 입사지원자의 마음을 생각해야 한다. 합격 여부 통보는 입사지원자와 약속한 시기에 정확하게 공지해야 한다. 예컨대, "최종 합격여부는 2021년 6월 7일 오후 2시에 등록된 이메일과 휴대폰 문자 메시지를 통해 안내드리겠습니다."라고 안내했다면 그 시각에 정확하게 통보해야 한다.

여덟째, 채용 불합격자에게는 '불합격 사유'를 통지해야 한다. 구직자 대상으로 채용 진행과정의 개선이 필요한 부분을 물으면 '불합격 사유 통지'를 꼽는 경우가 대다수인 점을 고려하자.

채용
All in One

제7장

과도기적 근로관계 검토사항

7-1 채용을 약속한 '채용내정'을 알아보자.

지난 3개월 동안 서류전형, 직무적성검사, 그리고 실무자, 팀장, 임원면접으로 이어진 단계별 면접전형을 무사히 마무리한 '콜오나제약 주식회사' 채용담당 허달근 대리. 허대리는 고민에 빠졌다. "이 정도면 좋은 인재를 뽑았다고 생각 되는데… 합격통보를 어떻게 해야 할까? 정식 입사 전에 검증기간을 두고 마지막으로 살펴볼까? 그럼 그 기간은 근로계약이 체결된 것으로 봐야 하나? 사전에 검토해야 할 법적 사항은 무엇일까?"

회사는 입사지원자와 정식으로 근로계약을 체결하기 전에 일정한 기간 동안 '관찰의 시간'을 갖고 입사지원자의 능력과 자질, 조직 적응력을 살펴보는 경우가 많다. 근로기준법은 해고를 엄격하게 제한하고 있기 때문이다. 이렇듯 단계별 채용전형에는 통과하였으나 정식으로 채용되어 본격적인 업무를 시작하기 전까지의 근로관계를 '과도기적 근로관계'라고 부른다. 과도기적 근로관계를 무사히 지나 정식 근로자로 채용된다면 문제가 없겠지만, 회사가 정식 계약체결을 거절하거나, 과도기적 근로관계를 연장하는 경우 법적인 분쟁이 발생될 수 있다. 과도기적 근로관계 유형 중 '채용내정'에 대해 살펴보자.

01. '채용내정'의 의의

회사가 조만간 회사의 근로자가 될 예정인 입사지원자와 근로계약을 체결할 것을 입사지원자에게 통지하는 것을 '채용내정'이라 한다. 단계별 채용전형에 합격한 입사지원자에게 '귀하는 ○○주식회사 채용전형에 최종 합격되었습니다. 축하드립니다.'라고 통보하는 것이다.

02. '채용내정'의 법적 성격

채용내정은 회사가 필요한 인력을 확보하기 위해 입사예정자에게 '일정한 기간이 경과하고, 일정한 요건이 충족된다면 당신을 채용하겠습니다.'라고 약속하는 '해제조건부 근로계약'이다.

관련 판례(대법원 2000.11.28. 선고 2000다51476 판결)에서 법원은 근로계약서 작성 여부와 상관없이 채용내정에 대해 근로계약의 성립을 인정하였다. 다시 말해, 채용내정의 경우도 해약권을 유보한 근로계약이 성립하는 것으로, 해약권의 행사에 따른 채용내정 취소는 '해고'로 보았고, 서면통지 및 해고의 요건을 갖추어야 한다고 판단했다.

당초 채용내정 통지시점의 상황과 달리 회사의 경영여건 악화로 채용내정이 불가피하게 취소된다면 이는 해고에 해당한다. 채용내정자에게 정식으로 일을 맡기기로 약속한 기한이 지난 경우 회사는 채용내정자에게 임금을 지급할 의무를 부담한다.

입사지원자의 근로제공 이전 대기상태에서 채용확정 여부에 따라 '채용예정', '채용내정', '채용확정' 등으로 개념을 구분할 수 있다.

입사지원자의 근로제공 이전 근로관계[56)]

구분	의미	채용확정 여부	근로계약 성격	해고의 정당성
채용 예정	• 단계별 전형 최종 합격 후 근로조건(입사일, 임금 등)이 결정되지 않은 대기상태	–	• 근로계약 미성립	근로기준법상 근로자 아님
채용 내정	• 학위취득 등을 조건으로 미리 채용을 결정하는 것 – 1월 1일 근로계약 체결, '학위취득 후 3월 1일 출근' 조건	학위취득 등 조건 충족 시	• 근로계약이 성립되었으나 조건 미충족 시 해지할 수 있는 계약 (해지권 유보계약)	합리적 이유 (사회통념상 합리성)
채용 확정	• 학위취득 등의 조건 없이 일정기간 경과 시(또는 일정일부터) 취업하도록 약정한 경우	채용확정	• 확정 근로계약 성립	정당한 이유

56) 최영우, 「개별 노동법 실무」 개정증보 8판, 중앙경제, 2019.6.24, 141면.

03. '채용내정'의 근로계약 성립 시점

회사의 채용공고를 '청약의 유인'으로, 입사지원자의 응시를 '청약'으로, 회사의 채용내정통지를 '승낙'으로 본다. 결국 회사의 채용내정 통지 발송 시점에 근로계약이 성립된다.

> **관련 법조문**
>
> **민법 제531조(격지자간의 계약성립시기)**
> 격지자간의 계약은 승낙의 통지를 발송한 때에 성립한다.

채용내정자는 근로계약 성립 시점부터 취업 시까지 어떠한 법적 지위가 부여될까? 일정한 기간이 지나, 일정 요건이 충족되면 채용이 될 것을 약정하는 '해제조건부 근로계약'이므로 '일정 요건'이 충족되는 시점 전까지인 채용내정기간 동안에는 근로기준법이 제한적으로 적용된다. 근로를 제공해야 적용되는 규정(예. 임금, 근로시간, 휴일, 휴가 등)은 적용되지 않고, 근로제공이 필요하지 않는 규정(예. 근로조건 명시, 해고의 제한 등)에 한하여 적용된다.

채용내정과 근로계약 체결 시점

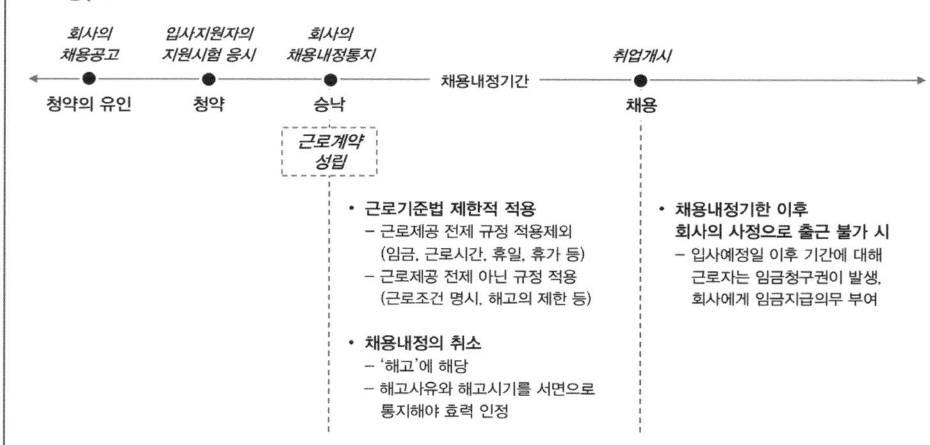

04. 채용내정의 취소

첫째, 단계별 전형에 최종 합격 후 입사일, 임금 등의 근로조건이 결정되지 않은 상태는 근로계약이 성립되지 않은 상태이다.(위의 표 '입사지원자의 근로제공 이전 근로관계' 중 '채용예정'에 해당함) 이 경우 근로기준법상 근로자로 보기 어렵고, '채용내정'의 법리로 법의 보호를 받을 수는 없다.

둘째, 학위취득 등을 조건으로 미리 채용을 결정하는 경우는 근로계약이 성립되었으나 조건을 충족하지 못한 경우 해지할 수 있는 계약인 '채용내정'이다. 채용내정 상태에서 정식채용의 거부 및 취소는 근로기준법 제23조의 해고에 해당한다.[57] 단, 정식채용거부에 대한 정당성의 범위는 정식근로자에 비해 정당성의 범위가 넓다.[58] 채용내정의 취소는 취지를 반영하여 사회통념상 합리성이 인정되어야 한다.[59] 예컨대 학위취득 등 판단의 여지가 없는 경우에는 객관적 조건 충족 여부가 본채용 여부의 판단기준이다. 프로젝트의 완성 등과 같이 판단의 여지가 있는 경우에는 명백하고 합리적인 기준 설정이 필요하다.

채용내정자와 약속한 정식채용 기한이 도달하기 전에 경영악화 등 회사가 근로자를 채용할 수 없을 정도로 사정이 변경되었다면 채용내정의 취소가 가능하다.

회사가 채용내정을 통지한 후 정당한 사유없이 채용내정을 취소한 경우 입사지원자에 대해 손해배상책임을 부담한다.[60]

---

57) 현실적으로 취업되어 노무를 제공하였는지 여부와는 상관없이 채용내정 취소는 실질적으로 해고에 해당한다.(서울고법 2000.4.28. 선고 99나41468 판결)

58) IMF 구제금융으로 인한 신규채용 취소의 정당해고 여부를 다투는 사건에서 채용내정 대상자는 경영상 해고의 사전협의 대상이 아닌 것으로 보았다.(대법원 2000.11.28. 선고 2000다51476 판결)

59) 하갑래, 「근로기준법」 전정 제31판, 중앙경제, 2018.10.10, 140면.

60) 대법원 1993.9.10. 선고 92다42897 판결.

7-2 최근의 채용 트랜드 '인턴'을 알아보자.

한 직장에서 30년을 근무한 '꼰대 부장'이 임원 승진을 앞두고 희망퇴직을 당한다. 자신했던 재취업이 힘들어지자, 경비 일을 하며 버티다 동종업계의 '시니어 인턴십'에 응시하여 합격한다. 결국 최악의 꼰대 부장을 부하직원으로 맞게 된 관계 역전 상황과 시니어 인턴의 일터 사수기를 그린 드라마가 방영되었다. 우리가 흔히 접하던 '인턴'과는 사뭇 다른 모습이다. 그럼 '인턴'이란 무엇일까?

01. '인턴'의 개념

'인턴'이라는 용어는 노동시장에서 흔히 활용되고 있으나, 노동관계법률에서 정의된 개념은 없는 실정이다.[61] 일반적으로 '장래 근로활동을 준비하고자 공공기관이나 일반 사업장 등에서 교육·연수·현장실습 등을 받는 청년층'을 인턴이라 칭하고 있다.

취업시장에서 청년층 취업문이 좁아지며 공공기관과 일반 사업장에 '인턴' 방식으로 노동력을 제공하는 사례가 늘고 있다. 현대자동차는 기존 진행되었던 인턴사원 정기 모집을 폐지하고 수시 채용방식으로 전환한다고 발표하였다.

02. '인턴'의 성격

인턴은 주로 임금보다 경력을 쌓으려는 경우가 많고, 인턴과 회사 모두 장기적인 근로관계를 목적으로 하지 않는 것이 일반적인 모습이다. 이는 과도기적 근로

---

61) 지난 2014년에 인턴의 보호를 위한 법률안이 국회에 발의되었으나 폐기된 바 있다.(송호창 의원 대표발의, 의안번호 1911890, 제안일자 2014.9.26.) 발의안에서 인턴을 '향후 근로 활동을 준비할 목적으로 교육·연수·훈련 등의 종류 및 금전의 지급 유무와 관계없이 사업 또는 사업장에서 지식·기술을 습득·향상시키기 위하여 실시하는 교육·연수·훈련 등을 받는 자를 말한다. 다만, 근로기준법에 따른 근로자에 해당하는 자는 제외한다.'라고 정의하였다.

관계인 '채용내정', '시용', '수습'과 다른 부분이다. 하지만, 명목상 목적인 교육·연수·훈련이 아닌, 실제 일을 하고, 회사의 업무지시를 받는 경우가 많아 '시용'과 '수습'의 성격을 함께 갖고 있는 경우도 있다.

실무에서 '인턴'은 다양한 의미로 사용되고 있다. 근로기준법상의 '근로자'에 해당되어 노동법의 보호를 받을 수 있는 대상인지는 명칭이 아닌 구체적인 사실관계를 확인하여 판단해야 한다.

취업규칙이나 근로계약 등에 종래 '시용'이나 '수습'으로 표현되어 온 것을 최근에는 '인턴'으로 표현하는 경우 많다. 실질적 근로관계 성격에 따라 '시용'인지 '수습'인지를 구분해야 한다. 예컨대, 대학생의 여름방학 중 2개월 회사의 실무경험을 쌓기 위해 '계약직'으로 일하는 경우에는 시용근로자가 아닌 '기간제 근로자'이다. 순수 교육 목적 근무가 아닌 근로를 제공하고 대가를 받는 관계라면 '인턴'이라 해서 특별한 별도의 지위가 있는 것이 아니고 근로기준법, 최저임금법 등이 적용되는 근로자이다. 근로시간, 주휴일, 연차유급휴가 등 근로기준법의 기준이 적용되고, 고용노동부 장관이 정하는 최저임금 기준에도 따라야 한다.

인턴의 실질적 근로관계에 따른 유형 구분[62)]

구분	실질적 근로관계	내용
근기법상 근로자에 해당	기간제 근로자	• 기간을 정한 근로계약을 체결하면서 '인턴'으로 표현하는 경우 기간제법 제2조제1호의 '기간제 근로자'에 해당함. (예) "3개월 인턴 모집합니다."
	시용 근로자	• 근로자의 업무적격성 등 당해 직무능력 등을 판단하기 위해 일정기간 고용한 경우 '시용근로자'에 해당함. (예) "인턴기간 평가를 거쳐 정식채용 여부를 결정합니다."
	수습 근로자	• 근로계약을 체결한 후 실제 업무에 투입되기 전에 일정한 수련과정을 거치는 경우 '수습근로자'에 해당함. (예) "채용 후 3개월은 인턴으로 합니다."
	학습 근로자	• '학습근로자'란 '일 · 학습병행제' 참여기업 (학습기업)의 사업주와 학습근로계약을 체결하고 일 · 학습병행을 수행하는 자를 말함.
근기법상 근로자에 미해당	일경험 수련생	• '일경험 수련생'이란 실습생 · 견습생 · 수습생 또는 인턴 등 그 명칭에 상관없이 교육 또는 훈련을 목적으로 사업 또는 사업장에서 일을 경험하는 자를 말함. • 단, 사용종속관계에서 근로 제공 시 근기법상의 근로자에 해당함.
	자원 봉사자	• 인턴업무수행에 대한 대가 없이 무보수로 봉사하는 형태임.

62) 최영우, 「개별 노동법 실무」 개정증보 8판, 중앙경제, 2019.6.24, 163면~168면.

[관련 행정해석] 정부지원인턴제사업 인턴사원의 근로자 여부

정부지원인턴제사업의 제1·2차 인턴사원은 근로자로 볼 수 없다.

근기 68207-312, 2000.2.3

[질의] 정부지원 1차 인턴제도에 의해 인턴사원으로 채용되어 근무하다 인턴기간 종료 후 정식직원으로 발령받아 인턴기간을 포함하여 1년 이상이 되었다면 퇴직금 지급대상이 되는지 여부

[회시] 1998.12부터 시행한 정부지원인턴제도는 경기침체로 인한 대졸실업의 증가가 예상됨에 따라 고학력 청소년 미취업자에게 산업현장의 기회를 제공하여 장래 취업에 대비케 하기 위한 실업대책사업으로서 시행된 제도임.

제1차(1998.12.1~1999.12.31) 및 제2차(1999.6.7~2000.3.31) 정부지원 인턴의 경우 출신대학을 통해 모집·선발되어 기업에 추천되었으며 연수업체 대표·인턴·출신대학총(학)장 등 상호간에 인턴약정서를 체결하고 대학총(학)장으로부터 인턴수당을 지급받은 형태였음.

제1·2차 인턴의 경우에는 연수생으로서의 지위를 갖고 있어 원칙적으로 임금을 목적으로 근로를 제공하는 근로기준법상의 근로자가 아니며 인턴기간의 계속근로기간 포함 문제도 발생하지 않음.

다만, 1999.12.1~2000.11.30까지 실시하는 제3차 정부지원인턴제도는 기업체가 지방노동관서의 알선에 의해 인턴을 직접 채용하고 인턴급여를 직접 지급하므로 이 경우에는 임금을 목적으로 근로를 제공하는 근로기준법상 근로자로 볼 수 있다고 사료됨.

03. 마지막 관찰의 기회를 잘 활용해야

채용담당자는 단계별 채용전형을 통과한 입사지원자를 '과도기적 근로관계' 기간 동안 마지막으로 꼼꼼하게 살펴야 한다. 정식 채용 이전 능력과 태도에 문제가 감지된 입사지원자에 대해서는 법적 이슈가 발생되지 않도록 조치해야 한다.

7-3 '시용'은 정식 입사 전 마지막 시험이다.

회사는 직무에 적합한 인력을 채용하기 위해 노력한다. 하지만 채용 전형과정에서 서류전형이나 면접만으로는 근로자의 적격성 여부를 판단하기 쉽지 않다. 최종적으로 고용 여부를 결정하기 전에 업무수행능력과 적성을 파악하기 위한 과도기적 근로기간을 두는 경우가 많다. '시용기간'과 '수습기간' 동안의 해당 근로자의 의미, 활용조건 및 관련 법적사항에 대한 검토가 필요하다.

01. 시용의 의미는 무엇인가?

채용 과정에서 '시용'을 활용하기 위해서는 명확한 개념 정립이 필요하다. 시용은 '시험삼아 사용하다'라는 의미로 본채용 확정하기 전에 일정한 기간동안 근로자의 업무능력 등을 판단하려는 일정한 기간을 말한다. 결국 정식 입사 전 마지막 테스트라고 볼 수 있다. 근로기준법에는 없는 용어이지만, 일반 계약법리에 따라 법원의 판례에서 인정되고 있다.

시용은 사용종속관계 아래서 근로를 제공하므로 근로계약으로 인정된다. 시용의 법적 성격은 '만일 시용기간 종료 후 정식근로자로 채용이 부적절하다고 판단된 경우 근로관계를 해지할 수 있는 사용자의 권리행사를 미룬다'는 의미의 '해지권유보설'이 대법원의 입장이다.[63)]

---

63) 대법원 2006.2.24. 선고 2002다62432 판결.
시용(試用)기간 중에 있는 근로자를 해고하거나 시용기간 만료 시 본계약의 체결을 거부하는 것은 사용자에게 유보된 해약권의 행사로서, 당해 근로자의 업무능력, 자질, 인품, 성실성 등 업무 적격성을 관찰·판단하려는 시용제도의 취지·목적에 비추어 볼 때 보통의 해고보다는 넓게 인정되나, 이 경우에도 객관적으로 합리적인 이유가 존재하여 사회통념상 상당하다고 인정되어야 할 것이다.

02. 시용과 수습의 차이는 무엇인가?

채용 실무에서는 '시용기간'과 '수습기간'을 구분하지 않고 혼용하여 사용하는 경우가 많다.

'시용기간'이란 정식 근로계약 체결 전에 정식 근로자로 채용할지 여부 판단을 위한 시험기간을 말하고, '수습기간'이란 정식 근로계약 체결 후에 근로자가 업무 수행에 필요한 지식과 기술 등을 익힐 수 있도록 하는 기간을 말한다.

시용의 경우 '시용기간'이 만료되면 업무능력 등을 판단하여 본채용 여부를 결정하게 되지만, 수습의 경우 '수습기간'이 만료되면 별도의 인사조치 없이 정식 근로자가 된다.

시용과 수습의 구분은 다음과 같다.

시용과 수습의 구분[64]

	시 용	수 습
개념	• 본채용 전 일정기간을 정하여 근로자의 직업적성과 업무능력 등을 판단하기 위함 • 일반적 계약법리에 따라 법원의 판례에서 인정됨	• 정식으로 채용한 근로자의 적응능력향상을 위한 훈련기간 (견습기간)
채용 확정	• 소정의 적정성 평가 후	• 채용
근로 계약 성격	• 본채용 부적절 평가를 이유로 근로관계를 해지할 수 있는 사용자의 권리 유보(해지권유보계약설)	• 확정된 근로계약 성립
해고의 정당성	• 합리적 이유 (사회통념상 합리성)	• 정당한 이유

64) 최영우, 「개별 노동법 실무」 개정증보 8판, 중앙경제, 2019.6.24, 141면.

03. 시용이 인정되기 위한 조건은 무엇인가?

시용으로 인정되기 위해서는 시용기간을 두는 근거가 존재해야 하고, 업무적격성을 평가하는 절차가 있어야 한다.

시용의 인정요건

시용 근거 존재 (근거없는 임의 설정 불가)	+	업무적격성 평가절차
• 단체협약 · 취업규칙 · 근로계약		• 자질, 성격, 능력, 태도 등 평가

첫째, 시용을 활용하기 위해서는 근거가 있어야 하고 임의로 정할 수 없다. 여기서의 '근거'는 취업규칙, 단체협약, 근로계약에 둘 수 있다.

취업규칙에서 시용기간을 선택적 요건으로 규정한 경우에는 근로계약에 시용기간을 명시해야 한다. '회사는 근로자를 채용할 경우 직무별로 판단하여 시용기간을 둘 수 있다'고 규정된 경우가 그 예이다. 이 경우 근로계약에 시용 적용이 명시되지 않은 경우에는 본 계약이 체결된 것을 본다. 시용기간이 선택적 요건이 아닌 신규 입사근로자에 대해 필수적으로 두도록 규정되어 있는 경우, 근로계약 체결 시 시용에 관한 명시가 없더라도 시용근로관계가 인정된다.[65)]

근로계약에 시용기간이 적용된다고 명시하지 않은 경우에는 시용근로자가 아닌 정식근로자로 채용되었다고 보아야 할 것이다.[66)]

둘째, 시용기간 동안 해당 근로자의 업무적격성 등을 평가할 수 있는 도구가 있어야 한다.

시용근로자의 업무적격성 평가는 근로자의 업무능력, 자질, 인품, 근무태도 등도 대상이 된다.[67)] 업무적격성 평가 결과를 통해 본채용 여부를 합리적인 근거로

---

65) 대법원 2009.7.23. 선고 2009두6520 판결.

66) 대법원 1999.11.12. 선고 99다30473 판결.
근로계약에 시용기간이 적용된다고 명시하지 아니한 경우에는 시용 근로자가 아닌 정식 사원으로 채용되었다고 보아야 한다.

결정해야 한다. 가장 바람직한 평가 방법으로 '시용근로자 근무평가양식'을 통한 구체적·객관적 근거 확보, 기존 근무 근로자와의 상대적 비교가 아닌 절대평가방식이 바람직하다.[68]

04. 시용의 기간은 어떻게 설정해야 하나?

시용의 적절한 기간, 시용기간의 연장 및 기간의 만료를 고려해야 한다.

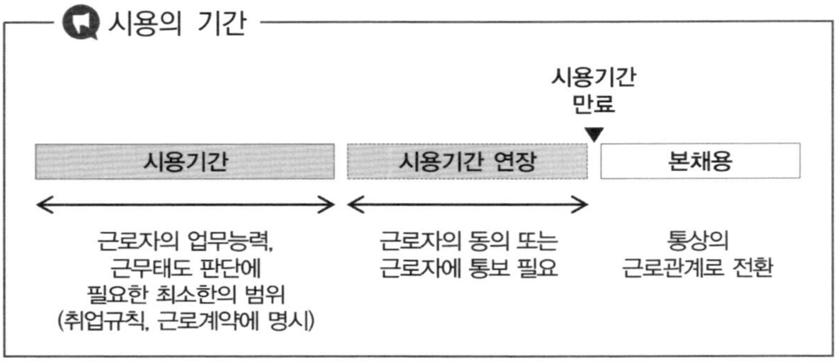

67) 서울행정법원 2015.10.15. 선고 2015구합5832 판결.
시용기간 중에 있는 근로자를 해고하거나 시용기간 만료 시 본 계약의 체결을 거부하는 것은 사용자에게 유보된 해약권의 행사로서, 당해 근로자의 업무능력, 자질, 인품, 성실성 등 업무적격성을 관찰·판단하려는 시용제도의 취지·목적에 비추어 볼 때 보통의 해고보다는 넓게 인정되나, 이 경우에도 객관적으로 합리적인 이유가 존재하여 사회통념상 상당하다고 인정되어야 한다. 그리고 이는 수습기간 중에 있는 근로자의 경우에도 마찬가지라고 할 것이다.

68) 대법원 2006.2.24. 선고 2002다62432 판결.
피고 은행이 각 지점별로 C나 D의 평정 등급 해당자 수를 할당한 점, 피고 은행이 근무성적평정표 제출 후 일부 지점장들에게 재작성을 요구하고, 이에 따라 일부 지점장들이 평정자와 확인자를 달리하도록 한 근무성적평정요령에 어긋나게 혼자서 근무성적평정표를 다시 작성하기도 한 점, 원고들에 대한 근무성적평정표와 평정의견서만으로 원고들의 업무수행능력이 얼마나, 어떻게 부족했는지, 그로 인하여 업무수행에 어떠한 차질이 있었는지를 알 수 없는 점 등에 비추어, 피고 은행이 원고들과 맺은 이 사건 근로계약을 해지한 데에 정당한 이유가 있다고 보기 어렵다.

첫째, 근로기준법에는 시용의 기간에 관한 규정이 없다. 해당 직무의 특성을 고려하여 근로자의 업무능력, 근무태도를 판단하는데 필요한 최소한의 범위로 한정해야 한다. 단체협약, 취업규칙 및 근로계약 등에서 정해야 한다.

둘째, 시용기간 연장은 해당 근로자 입장에서는 중요한 근로조건의 변화이다. 시용기간을 연장할 경우에는 근로자가 동의하거나 근로자에게 통보되어야 효력이 있다.[69] 만약 특별한 사정없는 상황에서 사용자가 일방적으로 시용기간을 연장했다면 당초 정해진 시용기간 종료로 해당 근로자는 정식근로자가 된 것이므로 사용자가 연장한 시용기간의 종료일에 본채용을 거절할 수 없다.

셋째, 시용기간이 만료되는 시점에 사용자가 본 채용을 거부하지 않았다면 정식 근로계약이 성립된다. 다시 말해 시용기간 만료시점이 경과한 경우에는 시용근로자가 아닌 정규근로자이다. 시용기간이 경과한 근로자에게 뒤늦게 '본계약 거부의 통지'를 전달한 경우, 이는 해고통지이며, 이를 위해서는 해고의 정당한 사유가 필요하다.

넷째, 시용기간은 근속기간에 포함되어야 한다.

05. 시용근로자에 대한 정당한 '본채용 거부'의 요건은 무엇인가?

첫째, '정당한 본채용 거부의 사유'가 있어야 한다. 이를 위해서는 시용기간 중의 업무적격성 여부를 판단하기 위한 업무능력, 근무태도 등의 평가근거가 필요하다. 단, 시용의 의미가 본채용을 확정하기 전에 일정한 기간 동안 근로자의 업무능력 등을 판단하려는 일정한 기간을 의미하고, 업무적격성 판단을 통해 본채용 여부가 결정되므로 해고의 정당한 사유의 범위가 일반 근로자보다 상대적으로 넓게 인정된다.[70]

---

69) 서울행정법원 2006.9.26. 선고 2006구합20655 판결.
시용기간 연장은 그에 대하여 근로자가 동의하거나 근로자에게 통보되어야 그 효력이 있다.

70) 대법원 2015.11.27. 선고 2015두48136 판결.
시용(試用)근로관계에서 사용자가 본 근로계약 체결을 거부하는 경우 해당 근로자에게 그 구체적·실질적 거부사유를 서면으로 통지하여야 한다. 사용자가 시용기간 만료 시 본 근로계약 체결을 거부하는 것은 일반적인 해고보다 넓게 인정될 수 있으나, 그 경우에도 객관적으로 합리적인 예컨대, 구체적인 업무적격성 판단기준 없이 '회사의 판단에 따라 시용근로자의 자질을 판단하고 업무자질이 부족한 경우 본채용을 불가할 수 있다'고 규정된 경우에는 시용근로자의 본채용 거부의 합리적인 사유가 될 수 없을 것이다.

시용근로자에 대한 본채용 거부의 정당성 관련하여 법원은 시용기간 중인 근로자를 업무실적 저조, 근무태도 불성실, 직원들과의 융화 결여 등을 이유로 본채용을 거절한 것은 정당하다고 보았다.[71)]

반면, 시용근로자에 대한 평가를 일반 근로자와 비교하여 상대평가하거나, 평가표 작성이 구체적이지 못해 시용근로자의 업무수행능력 수준, 부족한 항목 및 이로 인한 업무수행의 차질을 알 수 없다면 본채용 거절의 정당성은 부정된다고 판단했다.[72)]

둘째, 절차적 정당성의 조건은 무엇일까? 법원은 시용근로자 대상 '본계약 체결 거부 시' 징계절차규정은 적용되지 않는다고 판단하였다. 시용근로자에 대한 본계약 체결 거부는 정식근로자에 대한 징계해고와 달리 사용자에게 유보된 해약권의 행사로서, 시용근로자 대상 본계약 체결 거부 시 징계절차를 거치지 않았다 하더라도 위법한 것으로 보지 않는다. 단, 징계절차를 준수하도록 규정하거나, 시용근로자 대상 징계해고를 하는 경우에는 당연히 징계절차규정이 적용되어야

이유가 존재하여 사회통념상 상당성이 있어야 할 것이다.

71) 서울행정법원 2005.3.22. 선고 2004구합30122 판결.
근로자는 원고회사에 6개월의 시용기간을 정한 수습직원으로 입사했다. 그러나 참가인은 수습으로 근무하는 동안 다른 수습직원에 비해 업무실적이 현저히 저조하고, 근무태도가 불성실했으며 동료직원이나 상급자 및 관련업체 직원들과도 제대로 융화하지 못한 점, 이러한 구체적 자료를 기초로 팀장이 참가인에 대해 낮은 근무평가를 하였고 그에 대한 검증과 인사위원회의 심의를 거쳐 참가인에 대한 채용거절이 이루어진 점 등을 고려할 때 이 사건 채용거절이 사회통념상 합리성을 일탈한 부당해고라고 볼 수 없다.

72) 대법원 2006.2.24. 선고 2002다62432 판결.
피고 은행이 각 지점별로 C나 D의 평정 등급 해당자 수를 할당한 점, 피고 은행이 근무성적평정표 제출 후 일부 지점장들에게 재작성을 요구하고, 이에 따라 일부 지점장들이 평정자와 확인자를 달리하도록 한 근무성적평정요령에 어긋나게 혼자서 근무성적평정표를 다시 작성하기도 한 점, 원고들에 대한 근무성적평정표와 평정의견서만으로 원고들의 업무수행능력이 얼마나, 어떻게 부족했는지, 그로 인하여 업무수행에 어떠한 차질이 있었는지를 알 수 없는 점 등에 비추어, 피고 은행이 원고들과 맺은 이 사건 근로계약을 해지한 데에 정당한 이유가 있다고 보기 어렵다.

한다.[73)]

'본계약 체결 거부 시'에는 사유를 서면에 구체적으로 기재하여 통지해야 한다.[74)]

73) 최영우, 「개별 노동법 실무」 개정증보 8판, 중앙경제, 2019.6.24, 155면.

74) 대법원 2015.11.27. 선고 2015두48136 판결.
시용근로관계에서 사용자가 본 근로계약 체결을 거부하는 경우에는 해당 근로자로 하여금 그 거부사유를 파악하여 대처할 수 있도록 구체적·실질적인 거부사유를 서면으로 통지하여야 한다고 봄이 타당하다. 사용자인 피고 보조참가인이 근로자인 원고에게 단순히 '시용기간의 만료로 해고한다'는 취지로만 통지한 것은 근로기준법 제27조 규정을 위반한 절차상 하자가 있어 효력이 없다.

7-4 '수습'은 실무를 익히고 배우는 단계이다.

01. 수습의 의미는 무엇인가?

수습(修習)이란 '닦고 익힌다'라는 의미로 확정적인 근로계약 후 일정기간 사업장에서의 적응능력과 작업능력을 키우기 위한 근로형태이다. 단, 단체협약, 취업규칙 또는 근로계약 등에 수습에 관한 근거규정이 없다면 정식 근로자로 채용된 것으로 보아야 한다.[75]

02. 수습의 기간은 어떻게 설정해야 하나?

근로기준법에는 수습의 적절한 기간에 관한 규정이 없다. 수습기간의 길이는 직무의 특성을 고려하여 취업규칙, 근로계약 등으로 정할 수 있다.[76]

수습기간은 퇴직금, 연차유급휴가 등 산정 시 계속근로기간에 포함된다.

---

75) 서울행정법원 2002.6.25. 선고 2002구합6309 판결.
취업규칙의 작성 권한은 원칙적으로 사용자에게 있으므로 사용자는 그 의사에 따라 취업규칙을 작성할 수 있다. 사용자가 취업규칙을 작성한 경우, 작성 후에 근로관계를 선택적 사항으로 규정했다면 그 근로자에 대하여 시용기간 또는 수습기간을 적용할 것인가의 여부를 근로자에게 명시하여야 한다. 만약 근로계약에 시용기간이 적용된다고 명시하지 아니한 경우에는 시용 근로자가 아닌 정식 사원으로 채용되었다고 보아야 할 것이다.

76) 근기 01254-221, 1993.2.9.
근로기준법은 제29조제5호 및 동법시행령 제11조에서 수습사용한 날로부터 3개월 이내인 근로자를 해고예고 예외대상자로 규정하고 있을 뿐 수습기간의 길이에 대하여는 규정한 바 없으므로 동 기간의 길이는 당해 직무의 성질을 감안하여 사회통념상 인정되는 범위내에서 단체협약 또는 취업규칙 등에 정하면 될 것임. 단체협약에서 정한 수습기간의 길이가 3개월을 초과하였다는 이유만으로는 이를 근로기준법 위반으로 볼 수 없으며, 단체협약은 별도의 규정이 없는 한 체결일로부터 효력이 발생되는 것이므로 체결 이전 입사자에 대하여는 동 협약의 수습기간 규정이 적용되지 않는 것으로 보아야 할 것임.

03. 수습기간 설정 시 고려해야 할 법적 검토사항은 무엇인가?

첫째, 수습기간 동안 감액된 최저임금 기준이 적용된다. 수습 사용한 날부터 3월 이내인 자에 대하여는 시간급 최저임금액에서 10%를 감한 금액을 시간급 최저임금액으로 한다. 단, 수습근로자에게 최저임금 감액기준을 적용하기 위해서는 수습근로자와 근로계약기간이 1년 이상이어야 하고, 그와 같은 근로계약을 체결했어도 수습 사용한 날부터 3개월 이내에 한해 감액할 수 있다. 결국 근로계약기간이 1년 미만인 근로자에 대해서는 감액규정이 적용되지 않는다.[77)]

둘째, 수습근로자의 임금은 정규근로자 대비 낮게 정할 수 있고, 이는 취업규칙 또는 근로계약 등을 통해 정할 수 있다. 근로계약을 체결하고 수습 중에 있는 근로자가 수습을 시작한 날부터 3개월 이내의 기간은 평균임금산정기간에 포함되지 않는다.[78)] 단, 수습기간동안 정식사원과 급여의 차등이 없다면 수습기간을 근로계약에 명시하지 않아도 문제가 없다.

셋째, 수습기간은 계속근로기간에 포함된다. 그러므로 퇴직금, 연차유급휴가 등을 산정할 때에는 수습기간까지 포함해서 계산한다.

넷째, 수습기간 만료로 근로관계를 종료하는 것은 해고이고, 근로기준법 제23조의 '정당한 이유'가 있어야 한다. 수습은 정상적인 근로계약이 체결된 것이므로, 정식근로자와 해고의 정당성 기준은 동일하다.[79)]

다섯째, 수습근로자도 산재보험 적용대상이다. 산재보험 적용은 근로기준법을 적용받는 사업 또는 사업장에서 임금을 목적으로 근로를 제공하는 모든 근로자에 적용되므로, 수습근로자도 산재보험 적용대상 근로자이다.[80)]

---

77) 최저임금법 제5조제2항

78) 근로기준법 시행령 제2조
단, '단순노무업무로 고용노동부장관이 정하여 고시한 직종에 종사하는 근로자'는 감액규정이 적용되지 않는다.(2020.5.26. 부 시행)

79) 당초 근로기준법 제35조에는 '수습 사용한 날부터 3개월 이내인 근로자'에 대해서는 해고예고가 적용되지 않는다는 규정이 있었으나, 헌법재판소의 위헌 결정으로 삭제되었다.(2019년 1월 15일)

80) 징수 1458.4-30420, 1982.11.9.

채용
All in One

제8장

채용 시 고려사항

8-1 레퍼런스 체크 시 이슈 및 대응방안을 알아보자.

'콜오나제약 주식회사' 채용담당 허달근 대리는 지난 3개월간 '프로젝트 파이낸싱' 경력을 보유한 경력사원 채용전형을 진행하고 있다. 임원면접까지 무사히 마무리한 허대리는 고민에 빠졌다. "이 정도 학력과 경력을 가지고 있으면 어디가도 빠지지 않는데… 현재 직장에서 퇴사하려는 이유는 무엇일까? 역량뿐만 아니라 성격과 인성도 중요할텐데… 어떤 사람일까? 동종업계에서의 평판은 어떨까? 궁금한 것도 많은데 현재 다니는 회사 인사팀에 평판을 조회해 볼까? 그런데 무엇을 어떻게 물어봐야 되는 거야?" 그렇지만 작년 이맘때 동종업체로 이직하려는 구성원이 자신에 대해 불리하게 이야기 했다고 직속 상사를 상대로 소송 제기하고 손해배상을 청구해 곤욕을 치뤘던 기억이 떠올라 멈칫하게 된다.

구인구직 매칭 플랫폼 사람인의 설문조사[81]에 따르면 기업 10곳 중 8곳은 '경력 채용 시 평판조회가 필요하다'라고 응답했다.

81) 동아일보, "기업 10곳 중 8곳 경력 채용시 평판조회 필요", 2020.2.4.

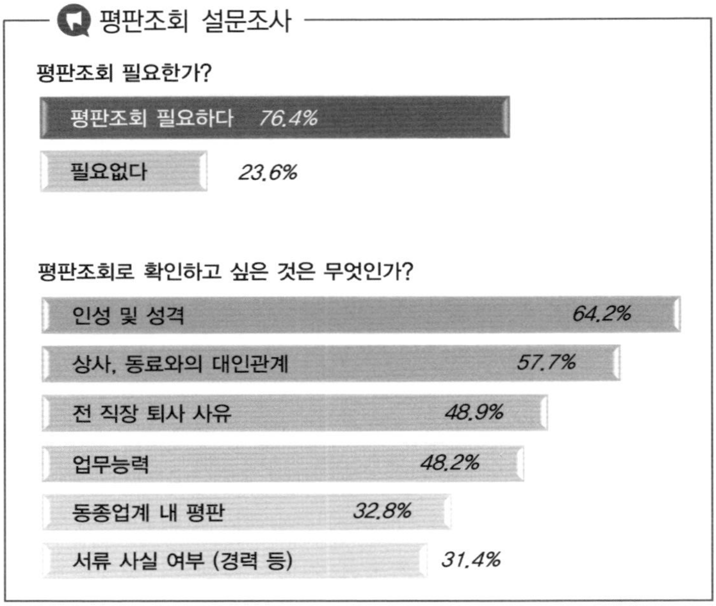

평판 조회로 확인하고 싶은 사실은 '인성 및 성격'(64.2%), '상사, 동료와의 대인관계'(57.7%), '전 직장 퇴사 사유'(48.9%), '업무능력'(48.2%), '동종업계 내의 평판'(32.8%), '경력사항 등 서류 사실 여부'(31.4%) 등의 순이었다. 평판조회 실시 기업의 64.2%는 평판조회 결과만으로도 불합격을 준 경험이 있었다. 불합격한 이유로 '인성 평가 저조'(68.2%), '전 직장에서의 업무성과 저조'(28.4%), '회사의 인재상과 불일치'(22.7%), '제출 내용과 학력 및 경력의 차이'(17%) 등 이었다.

사람을 채용하는 행위는 결혼할 배우자를 선택하는 과정과 흡사하다. 서로의 장점뿐만 아니라 보완해야 할 점을 알고 있는 이들은 결혼 후에도 서로를 이해할 수 있지만, 단점을 숨긴 혼인은 오래 지속될 수 없다. 그 동안 고용시장을 주도했던 대기업의 공채가 줄줄이 폐지[82]되고, 경력직 채용이 일상화되고 있는 상황에서 회사에서 붙잡아야 할 '직무에 딱 맞는 인재'가 누구인지 확인하려는 노력은 이어지고 있다. 특히 예상치 못한 COVID-19 시대에 대면면접이 최소화되고 있

82) 중앙일보, "이러면 문과는 어디 가라고… LG까지 가세한 공채 폐지 쇼크", 2020.6.16.

고 이를 대체할 수 있는 인재검증 방식을 찾기 위해 고심하는 과정에서 평판조회에 대한 관심이 높아지고 있다.

하지만, 최종 관문의 문턱에서 평판조회 테스트를 통과하지 못한 경우가 있다. 이 경우 입사지원자들이 평판조회 관련자들을 대상으로 법적인 이슈를 제기하는 사례가 늘고 있어 이에 대한 주의가 필요하다. 아래에서 레퍼런스 체크(평판조회) 진행 시 이슈 및 이슈 최소화 방안에 대해 살펴본다.

관련 법조문

개인정보 보호법 제2조(정의)

5. "개인정보처리자"란 업무를 목적으로 개인정보파일을 운용하기 위하여 스스로 또는 다른 사람을 통하여 개인정보를 처리하는 공공기관, 법인, 단체 및 개인 등을 말한다.

개인정보 보호법 제15조(개인정보의 수집·이용)

① 개인정보처리자는 다음 각 호의 어느 하나에 해당하는 경우에는 개인정보를 수집할 수 있으며 그 수집 목적의 범위에서 이용할 수 있다.

1. 정보주체의 동의를 받은 경우
2. 법률에 특별한 규정이 있거나 법령상 의무를 준수하기 위하여 불가피한 경우
3. 공공기관이 법령 등에서 정하는 소관 업무의 수행을 위하여 불가피한 경우
4. 정보주체와의 계약의 체결 및 이행을 위하여 불가피하게 필요한 경우
5. 정보주체 또는 그 법정대리인이 의사표시를 할 수 없는 상태에 있거나 주소불명 등으로 사전 동의를 받을 수 없는 경우로서 명백히 정보주체 또는 제3자의 급박한 생명, 신체, 재산의 이익을 위하여 필요하다고 인정되는 경우
6. 개인정보처리자의 정당한 이익을 달성하기 위하여 필요한 경우로서 명백하게 정보주체의 권리보다 우선하는 경우. 이 경우 개인정보처리자의 정당한 이익과 상당한 관련이 있고 합리적인 범위를 초과하지 아니하는 경우에 한한다.

개인정보 보호법 제71조(벌칙)

다음 각 호의 어느 하나에 해당하는 자는 5년 이하의 징역 또는 5천만원 이하의 벌금에 처한다.

1. 제17조제1항제2호에 해당하지 아니함에도 같은 항 제1호를 위반하여 정보주체의 동의를 받지 아니하고 개인정보를 제3자에게 제공한 자 및 그 사정을 알고

개인정보를 제공받은 자

개인정보 보호법 제74조(양벌규정)

① 법인의 대표자나 법인 또는 개인의 대리인, 사용인, 그 밖의 종업원이 그 법인 또는 개인의 업무에 관하여 제70조에 해당하는 위반행위를 하면 그 행위자를 벌하는 외에 그 법인 또는 개인을 7천만원 이하의 벌금에 처한다. 다만, 법인 또는 개인이 그 위반행위를 방지하기 위하여 해당 업무에 관하여 상당한 주의와 감독을 게을리하지 아니한 경우에는 그러하지 아니하다.

② 법인의 대표자나 법인 또는 개인의 대리인, 사용인, 그 밖의 종업원이 그 법인 또는 개인의 업무에 관하여 제71조부터 제73조까지의 어느 하나에 해당하는 위반행위를 하면 그 행위자를 벌하는 외에 그 법인 또는 개인에게도 해당 조문의 벌금형을 과(科)한다. 다만, 법인 또는 개인이 그 위반행위를 방지하기 위하여 해당 업무에 관하여 상당한 주의와 감독을 게을리하지 아니한 경우에는 그러하지 아니하다.

개인정보 보호법 제75조(과태료)

① 다음 각 호의 어느 하나에 해당하는 자에게는 5천만원 이하의 과태료를 부과한다.

1. 제15조제1항을 위반하여 개인정보를 수집한 자

관련 법조문

형법 제307조(명예훼손)

① 공연히 사실을 적시하여 사람의 명예를 훼손한 자는 2년 이하의 징역이나 금고 또는 500만원 이하의 벌금에 처한다.

② 공연히 허위의 사실을 적시하여 사람의 명예를 훼손한 자는 5년 이하의 징역, 10년 이하의 자격정지 또는 1천만원 이하의 벌금에 처한다.

01. 채용 과정에서 조회하는 '평판'은 개인정보일까?

채용담당자는 입사지원자를 파악하기 위해 전직장의 인사담당자 또는 동료직원에게 대인관계, 퇴사사유, 업무능력, 인성 등 전반적인 내용을 확인한다. 이와 같이 알아보고자 하는 '평판'은 법에서 보호하는 '개인정보' 일까? 연령, 주소 등 개인에 대한 객관적인 정보는 물론 '특정인에 대한 조직 구성원으로서의 전반적인 의견, 평가' 등 제3자에 의해 만들어진 주관적인 정보도 개인정보의 범위에 포함된다.[83] 특히, 회사의 인사담당자는 업무 자체가 조직구성원들의 개인정보를 관리하는 업무이므로 법에서 말하는 '개인정보처리자'[84]이며, 법에서 보호하는 개인정보보호 규정을 누구보다 깊이있게 숙지해야 한다.

02. 레퍼런스 체크 단계별 리스크는 무엇일까?

입사지원자에 대한 평판을 알기 위해서는 입사지원자와 입사지원회사의 채용담당, 그리고 기존 재직회사의 인사부서 및 입사지원자의 상사와 동료 등 다양한 관련자가 엮여 있다. 레퍼런스 체크 단계별 발생할 수 있는 리스크를 검토하기 위해서는 개인정보 보호법의 프레임으로 행위와 대상을 입체적으로 살펴봐야 한다. 아래에서 동의서를 작성없이 평판조회를 진행한 사례에서 발생할 수 있는 리스크를 살펴본다.

83) "개인정보"란 살아 있는 개인에 관한 정보로서 성명, 주민등록번호 및 영상 등을 통하여 개인을 알아볼 수 있는 정보(해당 정보만으로는 특정 개인을 알아볼 수 없더라도 다른 정보와 쉽게 결합하여 알아볼 수 있는 것을 포함한다)를 말한다.(개인정보 보호법 제2조제1호)

84) "개인정보처리자"란 업무를 목적으로 개인정보파일을 운용하기 위하여 스스로 또는 다른 사람을 통하여 개인정보를 처리하는 공공기관, 법인, 단체 및 개인 등을 말한다.(개인정보 보호법 제2조제5호)

레퍼런스 체크 행위별 / 단계별 Risk

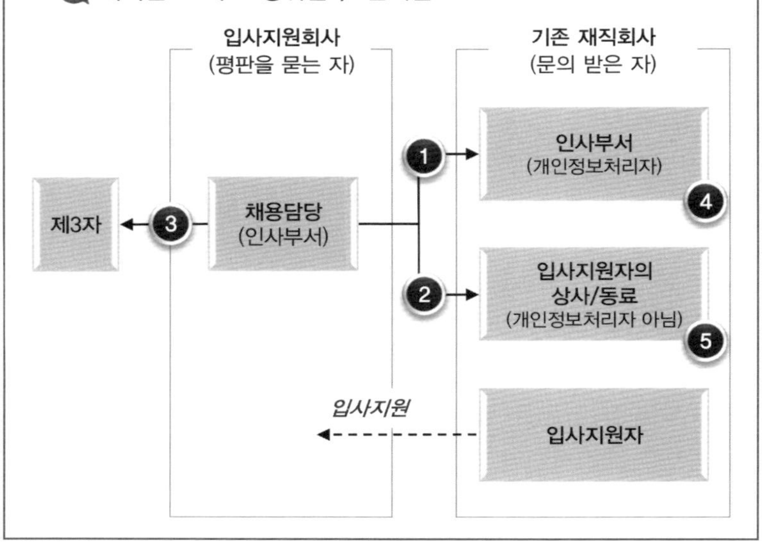

① 입사지원회사의 채용담당자가 기존 재직회사의 인사부서에 평판조회를 하는 경우

입사지원회사의 채용담당자는 채용전형을 진행하려는 입사지원자의 업무능력과 인성, 대인관계 및 도덕성 등을 기존 재직회사의 인사부서에게 문의하는 경우가 많다. 이 경우 개인정보 보호법상 개인정보처리자(기존 재직회사 인사담당)를 통해 입사지원자의 개인정보를 제공받는 것은 '정보주체의 동의를 받지 않은 사정을 알고 개인정보를 제공받은 자'에 해당되어 형사처벌 대상 행위가 될 가능성이 있다.[85)]

② 입사지원회사의 채용담당자가 기존 재직회사 입사지원자의 상사/동료에 평판조회를 하는 경우

기존 재직회사에서 입사지원자와 함께 일했던 상사와 동료도 평판조회 과정에서 연락 대상이다. 그들은 개인정보 보호법에서 말하는 개인정보처리자로 볼 수 없다. 다시 말해 입사지원자의 상사와 동료에게 근무태도, 성과, 인성 등 개인적

85) 개인정보 보호법 제71조제1호에 따라 5년 이하의 징역 또는 5천만원 이하의 벌금에 처할 수 있다.

인 판단을 묻는 것은 개인정보처리자로부터 정보주체의 동의 없이 개인정보를 제공받은 것이 아니므로 개인정보 보호법에 규정된 형사처벌이 되는 행위가 아니다. 단, 입사지원회사의 채용담당은 입사지원자의 동의를 받지 않고 개인정보를 수집한 것이므로 과태료 부과 대상에 해당될 수 있다.[86]

③ 입사지원회사의 채용담당자가 평판조회 내용을 제3자에게 알린 경우

만일 입사지원회사의 채용담당자가 평판조회과정에서 알게 된 정보를 다른 사람에게 말하는 사례가 있다. 이 경우 개인정보 보호법의 '정보주체의 동의를 받지 아니하고 개인정보를 제3자에게 제공한 경우'[87]에 해당되어 형사처벌의 대상 행위가 될 여지가 있다.

④ 기존 재직회사의 인사담당자가 입사지원자의 평판의견을 제공했다면

인사담당자들은 "○○○과장이 저희 회사에 입사지원을 하셨는데, 그 분은 어떤 분인가요?"라는 질문의 많이 받곤 한다. 개인정보보호가 강화된 시기에 모든 사실을 말해도 문제 없을까? 이 경우도 마찬가지로 개인정보 보호법의 '정보주체의 동의를 받지 아니하고 개인정보를 제3자에게 제공한 경우'[88]에 해당되어 형사처벌의 대상 행위가 될 여지가 있다.

⑤ 기존 재직회사 입사지원자의 상사와 동료가 입사지원자의 평판의견을 제공했다면

"○○○대리와 함께 일하셨다죠? 그 분은 일을 잘하는 분인가요?" 이런 질문을 받는 다면 어떻게 이야기 해야 할까? 앞서 말한 바와 같이 입사지원자의 상사와 동료는 개인정보 보호법상 개인정보처리자가 아니며, 법상 처벌 대상도 아니다. 다만, 형법상 명예훼손 행위[89]에 해당될 여지는 있다.

---

86) 개인정보 보호법 제75조제1항제1호에 따라 5천만원 이하의 과태료가 부과될 수 있다.

87) 개인정보 보호법 제71조제1호에 따라 5년 이하의 징역 또는 5천만원 이하의 벌금에 처할 수 있다.

88) 개인정보 보호법 제71조제1호에 따라 5년 이하의 징역 또는 5천만원 이하의 벌금에 처할 수 있다.

89) 형법 제307조제1항, 제2항에 따라 형법상 사실 또는 허위의 사실을 적시하여 사람의 명예를 훼손한 자는 징역 또는 벌금에 처할 수 있다.

03. 안전한 레퍼런스 체크 방법은 무엇일까?

레퍼런스 체크 과정에서 발생할 수 있는 법적인 이슈를 최소화하기 위해서는 입사지원자에게 '평판조회 실시 동의서'를 받아야 한다. 평판조회 실시 동의서에 담아야 할 내용 예시는 다음과 같다.

'평판조회 실시 동의서'에 담는 내용(예시)

- (목적) 평판조회는 회사가 채용 여부에 대한 의사결정 시 입사지원자의 능력과 자질을 평가하기 위한 정보수집 목적임.
- (동의 및 동의 거부권) 입사지원자는 지원회사 또는 지원회사로부터 위임받은 외부기관이 평판조회를 실시함에 동의함. 단, 개인정보 수집 및 이용에 대한 동의를 거부할 권리가 있음.
- (개인정보 보유 및 이용기간) 회사는 평판조회를 통해 수집된 개인정보를 입사지원자의 채용 여부 확정 즉시 파기함.
- (수집대상 정보) 평판조회를 통해 수립하려는 개인정보는 업무, 업무능력, 성과, 대인관계, 인성 및 도덕성 등임.
- (조회 대상) 평판조회는 입사지원자가 지정한 사람 뿐만 아니라 지정하지 않은 전직, 현직 상사, 동료, 후배, 거래처 등에 조회를 진행할 수 있음.
- (정보의 진실성) 입사지원자는 본인이 제출 또는 구두로 제공한 이력사항 등의 정보에 거짓이 없음을 확인함. 거짓된 내용이 있을 경우, 채용 여부에 영향이 있음을 동의함.
- (평판조회의 책임) 입사지원자는 지원회사 또는 지원회사로부터 위임 받은 외부기관, 정보를 제공한 기관 및 사람들에게 평판조회로 인한 영향에 대해 책임을 묻지 않을 것임.
- (평판조회 대상자 지정) 입사지원자는 평판조회 대상자를 3인 이상 지정함. (성명, 소속회사, 부서, 직함, 연락처)

지원회사로부터 입사지원자의 평판에 대해 문의를 받는 경우에는 위의 '평판조회 실시 동의서'를 받았는지 여부에 대해 확인을 해야 한다. 구두뿐만 아니라 육안으로 확인해야 확실하다. 만일 동의를 받지 않았다면 예상치 못한 법적인 이슈가 발생할 수 있으니 주의해야 한다.

8-2 헤드헌팅 활용 시 이슈를 검토하자.

드라마 '미생'에서 신입사원 장백기는 자신을 무시하는 사수 강대리의 태도에 불만이 쌓여있다. 잦은 마찰에 하루하루를 버티던 중 헤드헌팅 전문업체의 문자를 받고 깊은 고민에 빠진다. '회사를 떠난다면 여기보다 더 나은 곳을 구할 수 있을까?', '헤드헌터에게 이직을 맡겨볼까?' 장고끝에 퇴사를 결정한다.

장백기에게 이직을 제안하는 헤드헌터의 문자

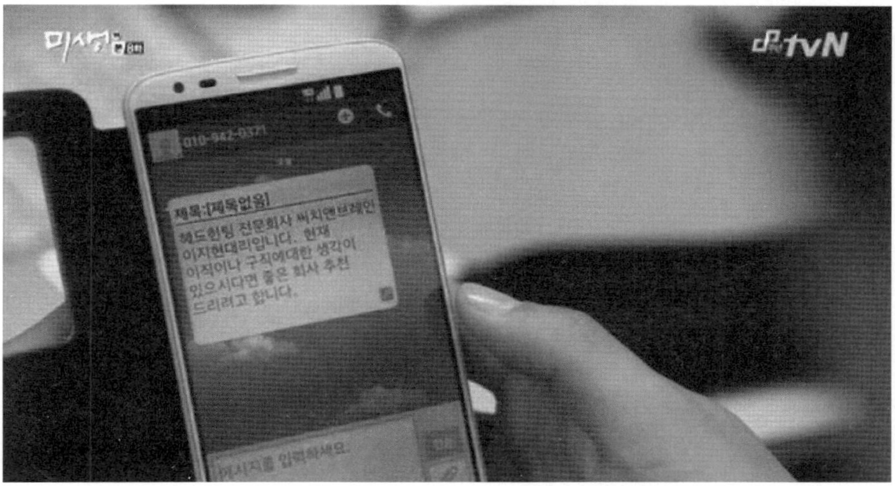

※ 출처 : tvN '미생' 캡쳐

공개채용 이른바 '공채'의 시대가 저물고 있다. 가장 먼저 대규모 정기 공채를 폐지한 대기업은 현대·기아차로, 1년에 두 차례 진행하던 공개 채용을 폐지하는 대신, 필요할 때마다 인력을 채용하는 '상시 채용'으로 전환했다.[90] 이와 더불어 '채용의 아웃소싱'이 확대되며 헤드헌팅 시장도 급성장하고 있다.[91]

---

90) 동아일보, "LG도 정기공채 폐지… 연중 상시채용 자리잡는다", 2020.6.10.

91) 단, 2020년의 경우 코로나 바이러스의 여파로 실적이 기대에 미치지 못한 데다, 재택근무 경험

헤드헌팅 업체가 확보한 직무별 전문인력 Pool을 활용하려는 회사는 그들이 어떤 방식으로 일하고, 헤드헌터 활용 과정에서 법적으로 주의할 점이 무엇인지 인지해야 한다.

01. '헤드헌터'는 어떻게 일을 할까?

헤드헌터는 채용 트랜드를 읽고, 산업환경의 변화를 감지하면서, 성공적인 이직을 꿈꾸는 지원자들의 역량과 성격을 파악하고, 그들에 맞는 이직과 채용을 돕는 사람들이다. 직무별 경험과 역량이 검증된 인력을 채용하려는 회사 역시 헤드헌터에게 도움을 청한다. 그들은 어떻게 일을 할까?

헤드헌팅 업체와 회사의 협업 방식(예시)

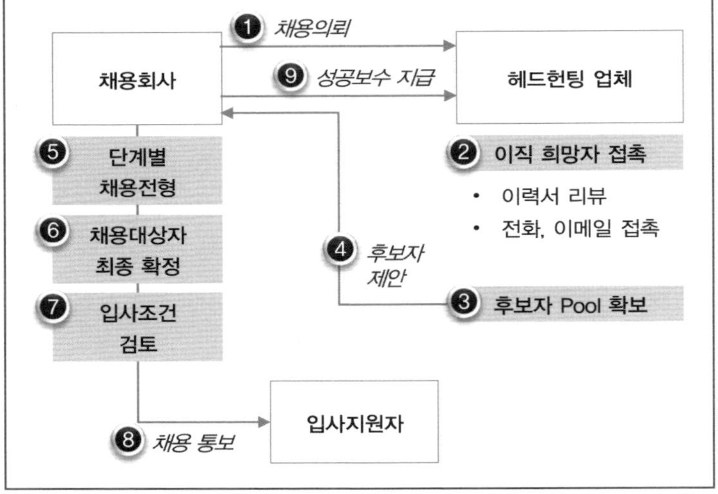

등으로 인력 효율성을 재점검해보자는 인식이 확대되면서 대졸 신입 공채는 물론 경력직 채용 시장 마저 대폭 축소되었다.
중앙일보, ""외국계 기업 80% 급감" 헤드헌팅 시장 말라붙었다", 2020.5.25.

채용회사는 헤드헌팅 업체에게 경력사원 채용을 의뢰한다. 헤드헌팅 업체는 수많은 이력서를 리뷰하고, 이직 희망자를 찾고자 전화와 이메일로 접촉한다. 기본 조건이 맞는 후보자를 간추려 후보자 Pool을 확보하고, 후보자 Pool 중에서 진정으로 이직을 원하는 대상자를 채용회사에게 제안한다. 그 이후 면접진행, 처우협의 및 채용합격 통보[92]는 채용회사의 몫으로 진행된다.

대부분의 국내의 헤드헌팅 업체는 채용회사와 계약을 하고, 채용이 성립되었을 때 채용대상자의 첫해 연봉에 비례하는 성공보수를 받는다.[93] 여기서 말하는 '연봉'은 채용 시 연봉계약서상에 명시된 금액과 금전으로 지급되는 모든 금액을 포함한 채용 시 보장되는 금액이다. 계약하기에 따라 사이닝 보너스도 포함될 수 있으나, 성과에 따른 성과급은 제외된다. 성공보수 금액은 일반적으로 10%~30% 내외로 정해진다. 예컨대, 연봉이 6천만원이고, 성공보수가 20%라면, 1천 2백만원이 헤드헌팅 업체의 수입이 되는 구조이다.

02. 헤드헌터를 통해 제안 받은 입사조건이 일방적으로 변경되었다면?

'콜오나제약 주식회사' 채용담당 허달근 대리는 6월에 헤드헌팅 업체 '잡잡플러스'에 마케팅 총괄업무를 담당할 인력채용을 의뢰했고, 잡잡플러스는 오랜 마케팅업무 경력이 있는 '최부장'에게 입사를 제안했다. 최부장은 콜오나제약에서 두 차례 면접을 본 뒤 헤드헌팅 업체로부터 최종 합격통지를 받았다. 잡잡플러스는 콜오나제약이 제시한 기본급 1억원에 인센티브 5%~10%와 '10월 초순 입사'를 최부장에게 전달하였다. 최부장은 10월 1일부터 콜오나제약에 출근하는 것으로 이해하고 재직하던 회사에 사직서를 제출했다.

하지만 콜오나제약은 입사예정일의 2개월 전인 8월초에 잡잡플러스를 통해 기

92) 헤드헌팅 업체를 통해 채용전형을 진행한 입사지원자 중 한 명이 최종합격 후 회사에서 제시한 조건에 동의하여 채용이 확정된 상태를 헤드헌팅 업계 용어로 'Success'라고 한다. 'Success'는 법적으로 '채용내정' 단계라 할 수 있다.

93) 또 다른 계약방식으로 헤드헌팅 업체로부터 채용관련 컨설팅 서비스를 받고 연간자문료를 채용회사가 지불하는 계약방식이 있으나, 국내에는 매우 드물게 이루어지고 있고, 대부분 채용 확정 시 성공보수를 지불하는 계약방식으로 진행된다.

본급을 6천만원으로 조정하고, 입사 일정도 변경하려 했다. 최부장이 항의하며 거부하자 콜오나제약은 10월 1일 최부장에게 채용 불합격을 전격 통보했다.

이상은 2018년 실제 발생했던 사례[94]를 재구성한 내용이다. 이 사건을 노동위원회는 어떻게 판단했을까? 지방노동위원회와 중앙노동위원회는 회사가 입사지원자의 채용을 취소한 것은 부당해고라고 판정했다. 회사는 결정에 불복해 법원에 소송을 제기했지만 법원도 마찬가지로 부당해고라고 판단했다.

법원의 판단

- 회사가 채용 합격을 통지하면 이는 근로계약 승낙의 의사표시를 한 것이고, 채용을 미리 결정하는 경우에도 마찬가지이다.
- 입사지원자가 회사에 지원하여 면접 절차를 거쳤고, 회사는 채용 의사를 외부에 객관적으로 표명하여 통지했기 때문에 둘 사이에 근로계약이 성립했다고 보는 것이 타당하다.
- 특별한 사정이 없는 한 회사가 입사지원자의 채용을 내정했는데 아직 근로 제공이 이뤄지지 않았다는 사정만으로 회사에게 해약권이 있다고 볼 수는 없다.
- 회사는 일방적으로 채용을 취소하면서 해고 사유 · 시기를 서면으로 통지하지 않았기 때문에 부당해고 이다.

결국 채용통지 당시 통보한 내용과 달리 근로조건이 바뀌어 채용을 취소한 경우 합격취소의 정당한 이유로 인정하기 어렵다는 내용이다.

재택근무 확대로 인력 효율성을 재점검해보자는 인식이 확산되면서 그동안 진행중이었던 채용 절차를 '일단' 멈춘 회사가 많다. 입사지원자에게 채용전형 합격 통보 후 불가피하게 합격을 취소하는 사례도 종종 발생하고 있다. 이에 구직자들은 채용이 내정된 회사의 합격자 지위를 유지하고자 노동위원회 및 법원에 구제를 신청한다. 채용 여부가 최종적으로 결정되지 않은 상황에서 무리하게 서둘러 합격을 통보한다면 발생될 파장은 걷잡을 수 없이 커질 수 있다.

94) 서울행정법원 2020.5.8. 선고 2019구합64167 판결.

03. 채용담당자와 헤드헌팅 업체 간의 명확한 커뮤니케이션 필요

2018년 12월 구인구직 매칭 플랫폼 사람인이 기업 458개사를 대상으로 한 '헤드헌터 활용 현황조사결과'에 따르면 경력직 수시 채용 확대의 변화 속에서 기업 10곳 3곳은 인력 채용 시 '헤드헌터'를 활용하고 있었다. 기업의 만족도는 평균 56점으로 높은 점수는 아니었지만, 헤드헌터를 지속적으로 활용할 의향은 87.6%로 단점보다는 장점이 많다고 판단하였다.

경력직 채용시장의 부진은 이를 수입원으로 하는 헤드헌팅 업계에는 직격탄이고, 결과적으로 무리한 채용으로 진행될 개연성이 커졌다. 법적, 절차적으로 문제없는 헤드헌팅 업체 활용방안은 무엇일까?

첫째, 인재 확보는 채용회사와 헤드헌팅 업체간 '2인 3각'의 공동작업임을 명심해야 한다. 외부에서 인재를 찾는 것은 헤드헌팅 업체의 역할이지만, 채용회사의 전폭적인 협력이 더해져야 좋은 결과를 얻을 수 있다.

둘째, 채용의뢰 시 해당 직무에 채용이 필요한 이유를 명확히 확인해야 한다. 새롭게 자리를 만드는 것인지 아니면 기존의 자리를 다시 채우는 것인지, 신규채용이라면 신설 배경이 무엇이고, 기존 직무와 어떻게 다른지, 단순 대체 채용이라면 기존 구성원이 이동한 이유는 무엇이고, 실적은 무엇이었으며, 이에 대한 회사의 평가는 어떤지, 만일 연이은 퇴사가 이어졌다면 근본적인 해결방안은 무엇이고, 회사의 채용경쟁력 강화방안이 무엇인지 머리를 맞대고 함께 고민해야 한다. 회사가 원하는 인재의 세부 스펙(경력, 전공, 학위, 연령, 근무지, 보상수준 등)을 사전 미팅을 통해 명확히 공유해야 한다.

셋째, 채용회사와 헤드헌팅 업체는 수시로 연락해야 한다. 제한된 시간내 'Right Person' 확보가능성은 커뮤니케이션의 빈도와 비례한다. 이를 위해서는 채용담당자와 헤드헌팅 업체 담당자간 친밀한 관계가 구축되어야 수시로 변하는 채용조건, 변동사항에 대해 편하게 이야기를 나눌 수 있다. 채용회사는 헤드헌팅 업체를 통해 채용시장의 트랜드를 가늠하고, 회사의 고용브랜드 실체를 조언 받으며, 동종사의 직무별 채용정보를 얻을 수 있어야 한다.

8-3 우수 인재 확보를 위한 '사이닝 보너스' 활용법을 알아보자.

01. '사이닝 보너스'란 무엇일까?

온라인 쇼핑몰 A사는 지난 2020년 6월 최소 5년 이상 경력을 보유한 테크직군 경력직을 공개채용 하면서 합격자들에게 최소 5천만원의 입사 축하금 성격의 사이닝 보너스를 지급하였다.[95] 혹자는 "입사했다고 축하금을 5천만원이나 준다고?"라고 놀라기도 한다. '사이닝 보너스'란 무엇일까?

1975년 미국 메이저리그에서 처음으로 사용되었다. 선수가 한 팀에서 일정 기간 동안 활동한 후에는 자유계약선수(FA : Free Agent) 자격을 얻을 수 있고, 자신이 원하는 구단과 계약할 수 있다. 구단과 선수는 연봉 외 별도 이적료를 계약에 넣는데, 이것이 '사이닝 보너스'이다. '코리안특급' 반찬호 선수는 2001년 11월 자유계약선수가 되었고, 12월에 텍사스 레인저스와 5년간 총 7,100만 달러에 입단 계약을 맺을 때 계약에 포함시킨 이적료도 '사이닝 보너스'였다. 사이닝 보너스는 우수 선수를 데려오고자 구단에서 연봉 외에 지급하는 스카우트 비용이다.

우리나라 프로야구에서는 1999년부터, 프로축구에서는 2002년부터 자유계약선수 제도가 도입되면서 '사이닝 보너스'도 대중에게 알려졌다. 프로스포츠 업계뿐만 아니라 회사에서도 우수한 인재를 스카우트하기 위해 '매력적인 당근'을 제시한다. 높은 연봉, 파격적인 복지제공, 거액의 스톡옵션(주식매수 청구권), 입사 후 '고속 승진 보장' 등의 조건을 보여준다. 최근에는 '사이닝 보너스' 제도까지 도입하여 계약금을 일시금으로 지급하는 사례가 늘고 있다. '전속계약금', '근로계약금' 등으로 불리기도 한다.

95) 조선일보, "쿠팡, 경력 개발자 200명 공채… 합격자엔 5000만원 보너스", 2020.6.25.

02. 유효한 '사이닝 보너스 반환약정'은 무엇일까?

사이닝 보너스를 지급하면서 의무근무기간 설정, 의무근무기간 이전 중간 퇴직 시 반환조건 등 반대급부를 제시하는 경우가 일반적이다. 사이닝 보너스 지급 대가로 입사예정자에게 일정기간 근무를 요구하거나 그 기간 내 퇴사하는 경우 사이닝 보너스의 전부 또는 일부, 혹은 그 이상을 반환하기로 약정하는 경우 '사이닝 보너스 반환 약정'이라고 한다. 사이닝 보너스 반환 약정이 입사예정자의 자유의사에 반해 근로제공을 강제하는 모습[96]이기에 근로기준법 제20조(위약예정의 금지)에 위반되는 것이 아닌지 이슈가 된다.

근로기준법 등 여타 노동법에는 사이닝 보너스 관련 규정이 없기 때문에 판례를 통해 위법성 여부를 판단해야 한다. 기존 판례는 의무근무기간인 이직금지기간이 2~3년으로 단기이고 이직금지기간 위반 시, 회사가 해당 근로자에게 사이닝 보너스 자체 또는 근무일수에 비례한 일부 액수의 반환을 요구한 경우에는 유효성을 인정하였다. 반면 이직금지기간이 5년 이상, 이직금지기간 위반 시, 사이닝 보너스의 배액 또는 그 이상의 금액을 배상금으로 정한 경우에는 유효성을 부인하였다.

---

96) 월간노동법률, "사이닝 보너스 반환약정의 유효성 및 법적 성격", 2015년 9월호, 91면.
근로기준법 제7조는 '사용자는 폭행, 협박, 감금, 그 밖에 정신상 또는 신체상 자유를 부당하게 구속하는 수단으로써 근로자 자유의사에 어긋나는 근로를 강요하지 못한다'고 규정하고 있다. 사이닝 보너스는 '정신상 또는 신체상 자유를 부당하게 구속하는 수단'의 폭행·협박·감금 등 수준에 이르지 않기 때문에 근로기준법 제7조에 위반된다고 판단할 수 없다.

사이닝 보너스 반환 약정의 유효성 판단 사례

유효성 인정 사례	유효성 부정 사례
수원지법 2003. 5. 13. 선고 2002가합12355 판결	**인천지법 부천지원 2009. 4. 10. 선고 2007가합3994 판결**
• 계약 : 사이닝보너스 1억5천만원 + 3년 전속근무 약정 • 판결 : 계약상 임금과 별도 지급 금액으로 근로자는 전속계약금을 반환해야 함.	• 계약 : 사이닝보너스 5천만원 + 5년 전속근무 약정 + 미이행 시 지급금액의 3배 배상 • 판결 : 사용자 손해 여부 불문, 3배 지급 약정으로 부당함.
서울중앙지법 2013. 4. 29. 선고 2013가합231 판결	**대법원 2008. 10. 23. 선고 2006다37274 판결**
• 계약 : 사이닝보너스 5천만원 + 2년 전속근무 약정 • 판결 : 계속근로 부당 강제 아님.	• 계약 : 영업비밀보호 약속이행금 5억원 + 10년 근무약정, 불이행 시 2배 배상 • 판결 : 사용자 손해 여부 불문, 2배 지급 약정으로 부당함.

사이닝 보너스의 법적 성격을 일률적으로 판단할 것이 아니라, '이직 사례금', '전속 계약금', '임금 선급금' 등 여러 가지 성격을 가질 수 있다고 판단한 판결[97]을 구체적으로 살펴본다. A기업은 대기업에서 연료전지분야의 경력을 쌓은 경력사원 B를 채용하며 연봉과 별도로 사이닝 보너스 1억원을 지급하고 7년간 고용을 보장하는 계약을 맺었다. 그런데 B씨가 7년의 근무기간을 채우지 못하고 1년 2개월만에 개인사유로 퇴사하자, A기업은 B씨에게 의무근무기간을 지키지 못했다는 이유로 사이닝 보너스 1억원을 반환하라고 청구한 사건이다. B씨는 대기업에서 A기업으로 이직을 하고 근로계약을 맺은 것만으로 사이닝 보너스 지급에 대한 의무는 다 했다고 주장했다. 결국 사이닝 보너스가 '이직에 대한 보상금'인지, '전속계약금'에 해당하는지 여부가 이 사건의 쟁점이었다. 전자에 해당한다면

97) 대법원 2015.6.11. 선고 2012다55518 판결.

이직해서 근로계약을 체결한 것만으로 근로자는 사이닝 보너스를 반환할 의무가 없다. 하지만, 7년이라는 의무근무기간 약정에 대한 '전속계약금'에 해당한다면, B씨는 약속한 의무근무기간을 채우지 못했기에 전속계약금을 반환해야 할 것이다.

사이닝 보너스의 구체적인 내용을 살펴본 대법원은 전자에 해당한다고 판단하며 근로자에게 반환의무가 존재하지 않는다는 의견을 냈다. 왜 이와 같은 해석을 했을까요? 사이닝 보너스 관련하여 채용합의서 상에 7년간 전속근무를 조건으로 사이닝 보너스 지급한다거나, 근로자가 약정근무기간 7년을 채우지 못했을 경우 이를 반환해야 한다는 등의 내용이 없었기 때문이다.[98]

03. '사이닝 보너스 반환약정' 체결 시 유념해야 할 사항은 무엇일까?

첫째, 위에서 살펴본 바와 같이 우수 인력을 영입하면서 사이닝 보너스를 지급하고, 이에 대한 약정을 체결할 때에는 약정하는 의무근무기간과 약정 위반 시 배상금액의 균형을 찾아야 한다.

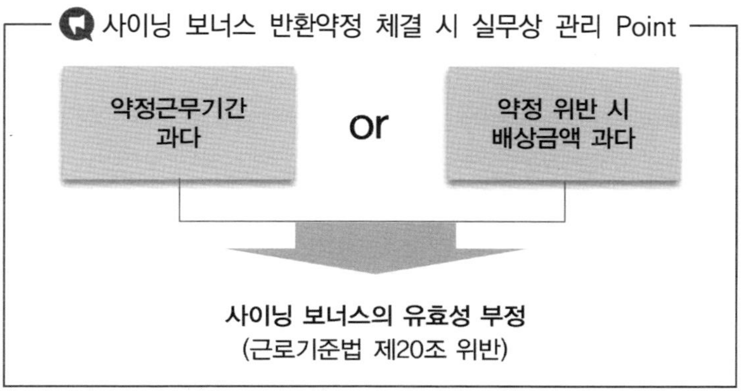

의무근무기간을 5년 이상의 장기간으로 하면서 반환금액도 지급액의 2배 혹은 3배로 설정하는 경우 등 근로계약기간 및 전직제한기간의 균형을 잃어 결과적으

98) 월간노동법률, "2015년 화제의 판례 10선", 2015년 12월호 참고

로 근로자의 부담이 가중되는 경우에는 근로기준법 제20조 위반이 된다. 하지만 의무근로기간이 길지 않고 반환금액이 지급액을 초과하지 않는 경우에는 유효한 약정으로 판단했다.

둘째, 사이닝 보너스를 지급할 때 '이직 사례금'뿐만 아니라 '전속 계약금'의 의미도 포함되어 있다는 점을 명확히 표현하고자 한다면, 채용합의서 및 계약서에 일정기간 동안 전속근무를 한다는 조건으로 사이닝 보너스를 지급하는 것이고, 의무근무기간을 모두 채우지 못하고 퇴사할 경우 이를 반환해야 한다는 점을 명시하고, 근로자에게 명확히 알려야 한다. 대신 전속근무기간을 5년 이하로 하고, 반환범위도 지급한 금액을 초과하지 않도록 조정해야 할 것이다.

글쓴이 소개

글쓴이 이호석은 1998년에 SK에코플랜트에 입사하여 일하고 있습니다. 인사노무 기획업무와 행정업무, SK그룹 HR TF에서 HR/ER제도를 설계하며 인사노무의 다양한 실무를 익혔습니다. 또한 회계, 글로벌마케팅, 현장관리, 상생협력 업무를 수행하며 직무의 폭을 넓혔습니다. 공인노무사, 경영지도사, PHR(Professional in Human Resources)을 취득하며 법과 이론을 공부했습니다. 고려대학교 노동대학원 노동법학과에서 노동법 전반에 대한 이해를 확장하였습니다. (법학석사)

어릴 적부터 관심이 많았던 대중문화와 글쓰기 취미를 인사노무 실무 지식과 접목하고자 틈틈이 글을 쓰고 있습니다. 초보 인사담당자와 직장인을 위해 쓴 알기 쉬운 인사노무 해설서 '인사팀 이부장이 알려주는 위풍당당 회사생활 가이드'(길벗)를 출간하였습니다. 네이버 비즈니스판에 '이호석의 위풍당당 회사생활'을 연재하고 있습니다. 월간인사관리에 '대중문화 속 HR', '인사담당자의 글쓰기', 월간 HR Insight에 '채용담당자가 알아야 할 노동법', '인사초보 허대리의 인사노무상식 익히기'를 연재하였고, 코스모폴리탄에 '위풍당당 회사생활 토막상식'을 2년 동안 썼습니다. 월간노동법률, 월간HRD 등 여러 매체에 인사노무담당자와 직장인에게 필요한 조직생활의 정보를 쉽고 재미있게 전달하는 글을 즐겨 쓰고 있습니다.

월간인사관리 편집위원(2018년, 2019년)을 맡았고, 네이버 지식iN 전문가 답변 서비스 노무상담을 진행하고 있습니다.

이메일 : lucybaba@naver.com